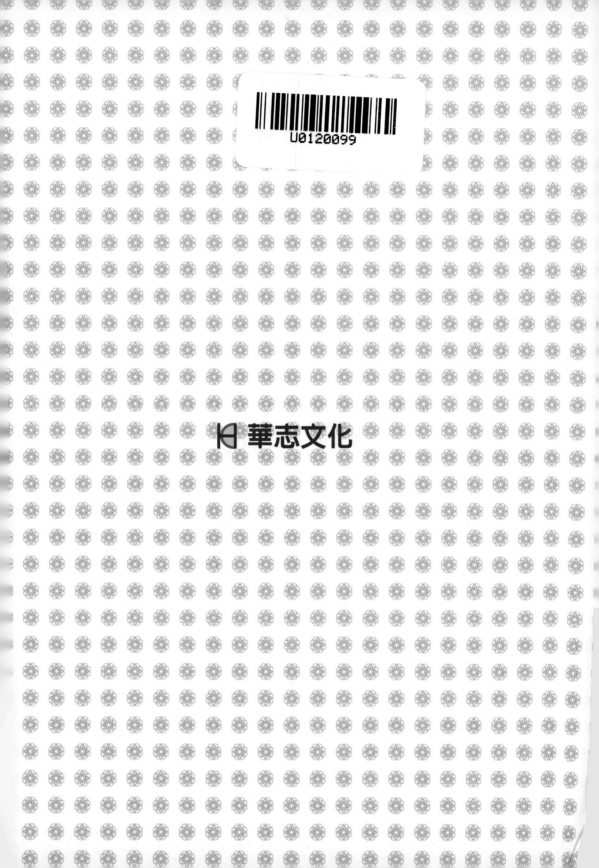

U0120099

華志文化

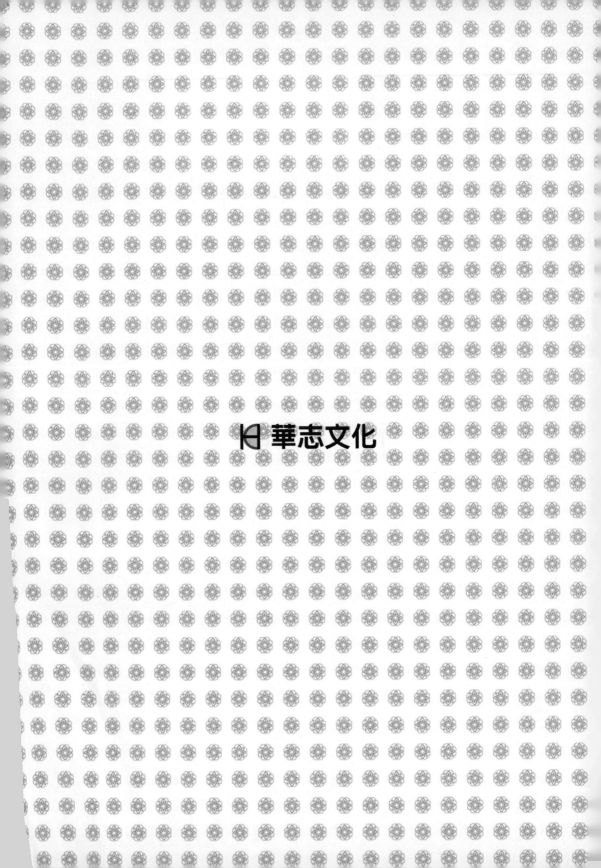

華志文化

人生三思

「林中路」上的昔花今拾

　　這本書是我多年來斷斷續續寫成的，它承載著回憶與成長，沉澱著以往閱讀的激動瞬間。當它面向讀者綻放容顏時，希望能有一份屬於自己的氣質，以表達筆者真實的感受。它完成於筆者而立之年，頗具紀念意義。

　　書中文章此前大多已在報刊上發表過，最早的發表於西元1996年，最晚的發表於西元2008年，除少數文章外，幾乎都經過認真的修改，有的與最初發表時相比已是容顏各異，對這些作品的修訂是必要的，恰如對草稿的凝練與擴充，是充分表達作者人生感知的必經路程。

　　作家王安憶所說：「當我們在地上行走的時候，能夠援引我們、在黑夜來臨時照耀我們的，只有精神的光芒。精神這東西有時候就像是宇宙中一個發亮的星體，光芒是穿越了冰冷的內核、火熱的岩漿、堅硬的地殼，最後才噴薄而出。」我深知世界的物質構成與生活的經濟尺度，但迷戀「精神的光芒」，如果缺乏對生活世界深切的實踐體認，對這種光芒的感知極為艱難，我覺得自己曾是探尋這種光芒的跋涉者，今後仍願秉力前往。

　　本書熔鑄我而立之年審視生活酸甜苦辣、凝結人生多層面的思考，目的在於檢視過去的生活，探究通往未來的思之路徑，恰似「林中路」上的昔花今拾，這種檢視與探究對我而言是重要的，對讀者而言或也有一定的啟示。

　　在本書完稿之時，很多感動的話溢於言表，關於人生智慧與

體驗之成思，首先要感謝父親臧鳳生先生，父親畢生就讀的唯一的大學只是在高爾基的意義上成立的，這所大學為他頒發的榮譽都刻在他滄桑的臉上，沒沒無聞的背景上寫滿了一個男人的皺紋，他多年教誨我「做一個有益於社會的人」，實踐這個並不複雜的教誨似乎不難，卻也並不容易。從上小學到博士畢業，艱苦求學二十二載，歷經大大小小的考試數百場，對很多問題是否交上了滿意的答案仍是值得質疑的？在這種質疑中，我始終在揣摩父親的教誨，以前也曾多次與他探討人生的困惑及其解答，父親的勸慰總是讓我感到人生的踏實，並堅守有益於社會的人生準則。及至父親突然撒手歸去，我對人生的理解凝重了許多，願將這本書視為對父親的希望所做的逐漸成熟的回答，儘管至今尚未大有益於社會，但孩兒一直在努力。

感謝馬俊峰教授在百忙之中為本書作序，他一以貫之地堅持哲學不可替代改變世界的現實力量對我啟示頗深，簡潔而深刻的文字對後學者構成久遠的鼓勵。也要感謝曾編撰本書收錄諸文的編輯們以及積極促成本書出版的王軍博士，他們提供的文思超越的契機令我久難忘懷，還要感謝我的母親王段彩女士和我的妻子姚穎博士，她們伴隨我度過很多艱難的日子，默默地為我揚起溫暖而堅韌的風帆。

推薦序

人生的幸福需要智慧

峰宇是我的同事，也是很投契的朋友，他的《人生三思》將要付梓，請我幫忙寫序。說實話，我原本是想推辭的，可是他那種發自內心的既誠懇又信任的態度，又使得我無法推辭。而待我看完了全部書稿，倒是在心裡為自己沒有推辭而暗自慶幸，並有了一些想法，正好藉這個機會來說說。

書中這些文章，多是作者的瞬間靈感，或是讀了一本好書、一篇好文章、看了一部電影、聽了一場音樂會、遇見了什麼人、碰到了什麼事，譬如路邊看人下棋、橋頭看賣鞋墊的小販，大概都是我們稀鬆平常的小事，卻是作者有心，即興寫下自己的感受和心境，日積月累，就累積了不少。

若是單篇看到這些文章，可能也不易看出什麼，隨意的東西往往都是這種情形，但是累積起來集結，就不一樣了。儘管說不像寫一篇論文、一部著作，事先總得苦心經營，謀篇佈局，啟承轉合，邏輯性那麼嚴謹，可是這些隨感到底又是圍繞著一個中心，應了散文「形散而神不散」的規制。這個中心，就是對人生的反思。

作者將書名定為《人生三思》，想來也是經過了一番深思的，書中表達的是作者對人生際遇的種種之思，自然也期望讀者在「林中路」上前行的過程中能夠處處留意、時時深思。在這個崇尚感性和流行速食、到處都瀰漫著浮躁氣息的時代，在人們都忙得顧不上「思」的時代，強調「思」的重要性，無疑是非常具

有警示意義的。

「思」是人獨有的特徵，甚至可以說是人的本分抑或本能。巴斯卡把人比喻為「會思考的蘆葦」，意為正因其會思考，才使得這個柔弱的存在物成為宇宙間最強的存在物，成為萬物之靈。確乎如此！

但當人借助於思而能駕馭萬物的時候，卻不斷地強化著思作為工具理性的功能，一味地向外擴展，一味地以功利價值為依歸，於是，一切都被置放在功利價值的平台上予以考量，人也就變成了一種經濟動物。人生意義的豐富性被銷蝕甚至被掏空了，意義世界出現了危機。人們都在匆匆地行走著，卻忘記了欣賞路邊的景色，更不知道要走向何方；人們都刻意而專注地追求著目標的效率，卻往往忽略了整個生活的目的。個體層面的行為都是高度理性及經濟的，整體上卻表現為一種非理性和不經濟。盲目的競爭、致命的無序、巨大的浪費、環境的破壞、生態的失衡，人類的家園已經從裡到外都被人自己蹧蹋得千瘡百孔，變成了「不適合人類居住」的地方。

如果說，生物進化過程中存在著一種「無目的性的目的性」的話，那麼，處於進化之頂端的人，在某種意義上來說，卻在生活中表現出一種「合目的性的無目的性」。茲事體大，非三言兩語所能說得清。可是現代社會、現代人的許多所謂的「現代病」，思想家們稱之為「弔詭」或「荒謬」的東西，都與此有著直接的關聯。當然，以此為由，試圖恢復到前代的田園牧歌式的生活，肯定是行不通的，不過，在人生過程中，多一點「閒敲棋子落燈花」式的閒情逸致，多一點看雲捲雲舒、聽花開花落的悠閒情趣，未必不是一劑療治現代病的良藥。

蘇格拉底曾云：「未經過反思的人生是沒有價值的」；中國

古人也講：「人貴有自知之明」。要自知，就需反思，反身而思，並在思中不斷超越，這樣才賦予了人生一定的意義。少了這種反思的工夫，反思的能力也越來越萎縮，想自知想自立，怕是難矣哉了。而缺乏了自知之明，表面看上去可能很自由，實際是很不自由的。比如時下許多人，為金錢，為房子，為權位，為面子，總之都是為了一些「他物」而拚命奮鬥著，在名韁利鎖中掙扎著，為「獲得」而喜，為「失去」而悲，由終日的盤算和苦悶演化為終生的緊張和焦慮，哪裡還會有自由呢？即使形式上很自由，內心裡又何曾自由過？

　　人生本來是很豐富而多樣化。人們都追求幸福，可是對幸福也難以有統一的理解。勉強為人們提供一個人生範本或幸福模式，一如要為天下所有人做雙合腳的鞋子一樣，實乃愚蠢之念、愚蠢之舉。但無論如何，「人生需要智慧，幸福需要智慧」。這智慧就依賴著學和思，也表現著學習思的智慧，運用思的智慧，盡可能地把自己人生中的各種豐富性及各種潛能實現出來，並從中獲得幸福的體驗。充盈為美，恬淡自然，自由自在，夫復何求！

　　峰宇有心，也有才，能靜心，肯吃苦，學思有成，成績斐然，是同輩中的翹楚。《人生三思》本書的出版，也是他「三十而立」的又一個證明。我打內心為他高興，也願讀者們能從中得到應有的教益。

（本文作者馬俊峰為中國人民大學哲學院博士班教授）

目　錄

第一部／生活與智慧

第二部／為人與處世

第三部／情懷與境界

第 一 部
生活與智慧

在競爭激烈的現代社會，生活對於大多數人來說，已經不再
是時間的簡單重複。面對壓力巨大、誘惑重重的現代社會，
如何掌握「小生活的幸福」，則需要真正的「大智慧」。懷
著一顆智慧的心去思考，生活就不再是繁瑣的柴米油鹽，平
凡的生活細節也會因此而變得閃閃發光。

1 激發高貴的勇敢

　　對人生理想的卓越探求，對生命意義的執著追問，忘我以至無我，都是勇敢之舉，勇敢是一種高貴的姿態，是對生活陽光般的負責，始終與值得欽佩的勇士相伴隨，我們所尊重的是在沒有自私動機的時候，面對風險的人生境界。頑劣的環境往往能夠造就堅韌的品質，周而復始的平淡生活難以滋養勇敢的氣質，因為失去意義的歡快氣氛和膨脹的心情，很容易使人疲憊以致麻木。勇敢是激越而年輕的，跨越生理年齡的柵欄，承載自我實現的價值。

　　勇敢不僅源於肌肉的發達和性格的豪爽，更源於靈魂的真正覺醒，邊緣心態的暴力，流露的不是勇敢；為了私利而堅持傷害他人，是與勇敢對立的偏執與狹隘。勇敢是忘我的，無私是勇士必備的特質。夢中勇敢的意象是游弋在海底的魚，周遭的水草溫柔地纏繞著牠，形成了一張精神的網，勇敢的魚不斷掙扎著，那雙深邃的藍眼睛似乎帶著一絲憂傷，彷彿早已預感生活道路上的危險與艱難。牠的視野不都是暖色系，那大概是冰島的某個海底，但這尾魚是高貴的，因為牠不曾放棄，始終在艱難的環境中探求理想的生活狀態和理由。

　　勇敢需要被啟動，人們應該給勇士更多的支持與愛，這是一種高貴的美德，作為欽羨勇敢的人，尤其應該如此。勇敢不是生活的片段，它作為理念貫穿生命的始終，繼而在實踐中印證並加以完善，從而於心靈中發出優雅的音律。面對這樣的勇敢，人們往往在欣賞中產生高品味的共鳴。勇士往往拒絕以自己的勇敢換取簡單的報酬，他們的激情往往出於信念，不盲從、不狂妄，乃勇敢的衍生物。對於充滿荊棘的短暫人生而言，勇敢蘊含艱苦卓

絕的精神，以此開拓勇士的生命之路。勇敢使人冷靜，使人在尊嚴中追求自由的生活，並擺脫自私帶來的恐懼和懦弱，往往具有利他主義的意蘊。

在某個深秋的靜夜，晚風忽起忽落，樹葉無聲飄零。看不清也聽不到曾經伸展的姿態悄然落幕，那種悄然依偎於地面的姿態令人動容，我們意外地感受到勇敢。秋風吹過白樺林，搖曳著脆弱的葉脈，似乎觸及內心最靈動的部分，樹葉在告別生命的時候，竟然張揚著飛翔了起來，讓內心湧起勇敢的激情。天亮了，人應該尋求生命的美麗，奮力活出生命的燦爛，曾有碧波萬頃之想的一滴水即使化為霧氣，也要折射太陽的光輝。

真的勇士將自身的懦弱和他人的鄙夷視為最嚴重的侮辱，在面臨恐懼的時候，勇敢令人堅強，這種精神力量是生活的持久保障，讓人憑著堅定的意志找到彼岸。勇敢應該隨著勇士的進取而不斷增值，以往的勇敢不是當今和未來無往不利的因素，作為瞬間的意圖，勇敢找尋與未來的接點，以此擺脫持續的痛苦和恐怖。

於是不難理解，為什麼手無縛雞之力的人可能有慷慨赴死的勇氣？身強力壯的人可能因為各式各樣的原因懦弱悲觀，在這個意義上，勇敢與愛有關。當一個人真正熱愛生命和與生命有關的整個世界的時候，幾乎沒有不勇敢的。勇敢其實不需要任何包裝，單純而直接，魯迅先生說：「真的勇士敢於面對慘澹的人生，敢於正視淋漓的鮮血。」身處危境以至近乎絕望時，勇敢可能趨於最大值。如果置於絕望的境地，勇士要發出最後的吼聲，因為不戰鬥是可恥的，掙扎的力量會提高勇敢的力量，這最終的爭取關乎全部的意義。

應該說明的是，無端和輕率之舉不是勇敢，它們之於勇敢大

概等同於人生的逆境之於順境。雖然它們的表徵類似於勇敢，可是在實質上卻大相逕庭，勇敢總是從一個開始躍遷到另一個開始，如果不是源於智慧或者信仰，勇敢無法成為恆動的存在，勇士也可能在疲勞和頹廢之中放棄。儘管我們不能夠確認勇敢是美德的內涵，但它的特質與美德有關卻是無疑的，在過去與未來之間，勇敢是勇士執著的起點和終點，賦予其承受失敗的膽量。真正的勇敢穿透偏執和謊言，走出預設的障礙，抬起希望的雙眼，高歌熱愛世界、享受奮鬥的旋律，拒絕服從真理之外的力量。

2 文明折射出的生命品質

　　有一種植物扎根於土地，毫不遮掩地吸收烈日的光熱，滿懷勇氣地綻放成陽光的花朵。人們喚它「向日葵」，這種花在東北很常見，但人們更在乎它的果實，它的存在，象徵著執著追求的力量，這種力量用光明和溫暖描繪，是生長的徵兆。

　　余秋雨先生以散文的筆觸書寫過這個故事：

　　第二次世界大戰的時候，有一個籠罩法西斯陰影的村子，住的全是農民，在他們的生活中，難以體會到陽光的溫暖，但就是在這個村子，常有反納粹的標語出現，標語的文字蘊含著力量。顯然，這裡生活著有文化的人，這引起了德國法西斯的恐慌，因為文明會點燃熱烈的信仰。於是，他們下了一道死令：立即除掉村子裡有文化的人。在暴力的逼迫下，村民們聚在村子中央，「腹有詩書氣自華」，有文化的人往往散發出特別的氣質，德國法西斯很快地在排列的人群中挑出，「你是，你是……」他們點到了五個，凡是他們點到的確實都是有文化的人。

　　正將行刑之時，一個滿臉鬍腮的老人站了出來：「我也是一個有文化的人。」德國納粹嘲笑他不識相：「你拿什麼證明呢？」老人問：「你知道莎士比亞嗎？」德國納粹說：「當然知道啊，懂得莎士比亞的人一定是有文化的人。」老人隨即在空地上表演了《李爾王》的大段獨白，震撼了全場的人。槍響了六聲……

　　老人明知道等待他的是死亡，卻用生命的代價證明「我也是一個有文化的人」。死亡又證明什麼？證明文明無處不在，證明陽光的火種是不能熄滅的。我們看到了這個村子的希望，而這種

希望向未來敞開。

　　文明溫暖著生命的火種，點亮不屈的信念，為人們提供可能生活的智慧。向日葵時刻隨著陽光舞動，用光明作為自己生命的支撐，在精神生活層面，健康的追求總是拒絕滑入死寂的水波，總是要在航行的途中找到前進的理由。陽光燦爛生命，文明支撐理想，是人類在陽光的照耀中得到的美好啟示。文明的富麗未必意味著榮耀的降臨，但無疑能夠超越瑣碎的功利，避免召喚低迷的平庸，傳播高尚生活的價值。因為沒有文明的生活是難以忍受的，正如沒有陽光的日子是孤寂而寒冷的，嘲弄文明的舉動總是與自己的初衷背道而馳。

　　文明的探求是一種艱苦的跋涉，跋涉到深處時亦有迷離之感，大多探求者原路而返。更有淺嘗輒止者深感痴迷者的不智，各種冷暖只有探求者自己清楚，那是生活不可或缺的存在方式，如果從世俗角度理解，文明的體驗至少是一種體面的活法。但對文明的理解愈加深入，對世俗的體面愈加忽視，因為表層的「紋飾」難以達到「澄明」的狀態，在這個意義上，「文明」蘊含著文化追求從低到高的過程，「澄明」意味著自由的豁達和灑脫，對這種精神生活的真正享受建立在人情練達的基礎上與物我兩忘的境界中。

　　文明具有公認的前提、拒絕蒙昧的判斷標準、激情燃燒的力量。文明的光亮執意驅散黑暗，即使再漠然的人也不會長久地停留在文明的背影之中，因為生命的火種是我們不可或缺的希望之源，儘管生活的道路不會一帆風順，但任何坎坷的道路都並非無邊陰冷的寫意，我們每天總會接觸到金子般的陽光。一個人只要有陽光般的自信，並踏實進取，任何事都可能發生，包括驚人的奇蹟。就如同那位老人，如同每一株隨陽光舞動的向日葵，如同

每一段執著進取的旅程，我們的心中如果常存一縷陽光，白天和黑夜都將是燦爛的。

我們應享受文明，並找到享受的最佳方式，因為文明照亮精神的世界，令人自然地神往，繼而邁出追求的腳步。文明推動的腳步執著、堅定而有力，產生超越平庸的力量，與陽光展開詩意的對話，溫暖奔走中疲憊的身軀。文明的享受具有跳躍的活力，文化程度的高低並非追求文明生活的全部障礙，文明的頓悟有醍醐灌頂的豁達感。我們總是以不同的方式在不同程度或不同模式的文明中棲居，誰有理由放棄文明的火種？誰有理由躲避陽光賜予我們的溫暖呢？

3 權衡友情的品質

朋友是生活中不可或缺的存在，因為人生絕非寂寞之旅，我們總要在周圍的支持與呵護中領略生活的藝術，提升追求的品位，找到價值生成的根據。或者正緣於此，朋友關係的真正建立並非易事，過於優越或過於淺薄，都是朋友可能擯棄的要素，性情、膽識和人格相同者容易成為摯友。在這個意義上，朋友往往被視為衡量人生品位的標準，「物以類聚，人以群分」，與精神高貴的群體為友，身上往往洋溢著詩意的光輝。

桀驁不馴者很難有真正的朋友，淪落泥淖者也難以體驗友情的包圍，他們因為主動或被動的孤寂而遠離溫暖的支撐。前者依靠自我而忽略他人，友情與自尊的分量失衡，他們在交往過程中的排他意識令人懷疑與之靠近的可能，高山只能以另一座高山為精神交流的夥伴，彼此遠遠對望，以主體的方式汲取對方的力量。後者渴望友情，但他們的經歷和處境令人產生距離感，甚至被認為已失去人格交往的基本條件。泥淖或者以另一片泥淖為伴，或者在孤寂中提升自己，充滿渴望而執著地走上艱難跋涉的交往之路。

朋友的性情相投絕非偏執之舉，或曰朋友之間總是或多或少地保持個性的獨立，真正的友誼往往依靠包容與欣賞的化解。如果包容與欣賞難以維持，人們的周圍將更換原本熟悉的面孔，隨著人生事業的進展，不同朋友的疏遠與結識，便成為習以為常的事情。「結識新朋友，不忘老朋友」則在於新老朋友都是我們可能欣賞與包容的存在，「不忘」緣於友情的記憶，當回顧多年前的合影時，我們可能叫不出其中某個並不熟識的人的名字。

朋友數量增多，可以分享生命體驗的機會隨之增多，拒絕分

　　朋友是生活中不可或缺的角色，因為人生絕非寂寞之旅，我們總要在周圍的支持與呵護中領略生活的藝術，提升追求的品味，找到價值生成的根據。

　　與精神高貴的群體為友，能使我們身上洋溢詩意的光澤。而真正的友誼往往在於包容與欣賞的調解，保持獨立和樂於分享，這中間需要有極高的平衡藝術。

享體驗給朋友的人，固然保持自身的獨立，卻可能感受莫名其妙的孤寂，殊不知，生命體驗的交融正是人生必經的環節。交融蘊含著回憶與期待，回憶往昔的美好時光，期待友情的增值，透過朋友的啟示與鼓勵，加速自己的成長，領略綻放的真情，將人生的意義安置在朋友的感受中。

「君子之交淡如水」。摯友之情不在於朝朝暮暮，多年未曾謀面，也不會導致心靈產生隔閡，不必寒暄與客套，只要一看對方的眼睛，便知道追夢的歷程是否如意？在這個意義上，友情的品質往往和時空的距離成正比，脆弱的糾纏經不起歲月的檢驗，一旦隨風而逐漸飄遠，也不必視為憾事。生活狀態殊異的人們很難有深入的交往，因為其交往不在自由與平等的平台上，過於強求友情可能使原有的正常關係受到干擾，比如日常生活中彼此互不打擾的同事不易深入交流，因為存在必要的競爭，競爭的結果可能對彼此的境遇發生暫時的改變。

朋友大概有精神交流與實際交往兩種，人們很在乎實在的朋友，比如遇到用車、買票、看病或辦理其他棘手事宜的時候，總會表現出誇張的熱情，似乎親如手足，對方之所以樂於幫助，很可能在於有朝一日雙方會交換位置，幫別人其實等於幫自己。可靠的朋友有很多合作的機會，對知識、金錢、權力的欲望有所渴求時，人們往往透過朋友的力量，促使自己壯大，這樣的朋友之間往往保持必要的距離，既不冷淡對方，也不完全曝露自己，這種友情的品質更多地依賴於交友的本事。技巧熟練者擁有很多自詡為朋友的熟人，繼而拓展交往的領域，「在家靠父母，出門靠朋友」，實在的朋友並非可有可無，關鍵是你怎麼把握其中的平衡點。

精神交流的不暢快可能導致心靈遭受傷害，摯友的傷害程度

尤其嚴重，因為脆弱的傷口會由於信任的失衡而難以癒合，這樣
的情況在實際交往的時候不存在，因為實用的友情只在合作之中
成立，防備始終存在。在快速發展的時代，當精神的交融與實際
的交往重疊的時候，追求自我實現的人們感覺遇見了知己，往往
把很多亟待成就自我的話語向對方一吐為快，渴望獲得幫助與理
解，滿足物質的互助與精神的交融，這種友情的難度極大，對知
己的要求在於品質而非數量，因此，人生得到為數不多的知己便
深感慰藉。

4 解讀寬容的魅力

寬容源於對偏執的拒絕，作為辯證的交往智慧，在憧憬美好未來的同時，推動人類進步，它賦予矛盾兩極以平衡和張力，讓戰爭、歧視與束縛在和平、友善和自由面前變得黯淡，個體的創造因此成為可能，穿過無知山谷的寬容輝映晴空。如果跨越歷史地對話，我們會遭遇來自人性的不寬容，人類在棲居之所封閉地思考，在通往世俗權力之路放縱馳騁，在功利思維模式中無法找到外在與自身力量的根據。

無知與狹隘構成對寬容的遮蔽，在舒展創造活力的同時，即使不同意對方的觀點和行為，也應該捍衛對方自覺表達其言行的權利，因為理性無論多縝密都是有限的，對話和合作可以拓展雙贏的空間。更何況，成熟的寬容與隱私保持距離，讓人們過獨立而有尊嚴的生活，在多元的判斷中挑戰封閉秩序的維持。值得提及的是，寬容的啟蒙有時要付出血的代價，很多人正是因為寬容的可貴，而在滴血中呼喚世間擺脫仇恨、殘忍和偏執。

神話「普羅克拉帝斯之床」應被視為不寬容的經典範例：有個強盜常把俘虜綁在鐵床上，身子比鐵床長的，就會砍掉過長的部分；身子比鐵床短的，也會被強硬地拉長；完全要求俘虜的身材與鐵床等長。一旦說「不」的權利被剝奪，各種各樣的「是」或者單調乏味，或者逐漸沉默。美國歷史學者房龍認為，「寬容一統天下的日子一定會到來，它將成為人類歷史上的進步」。房龍認為所有不寬容的根源，都是恐懼，人類從歷史上學會的教訓，就是人類都學不會教訓。他並虔誠地祝福他人，無畏地奔馳在多維空間，寬容使人獨立地反思，對於不同於自己或傳統觀點的見解，能予以耐心而公正的容忍。

安於寬容狀態的人們能夠擺脫幻夢，因為人類的「全知」意味著獨斷，懷疑的發言發展著歷史語境。薄伽丘講過關於不寬容的故事：

　　有一位父親為了讓孩子虔誠地信仰上帝，隔斷他和美少女的接觸，孩子漸漸長大了，當他和父親同時看到一群美少女時，問父親她們是什麼？父親擔心喚起他的情欲，只好說：「她們都是鵝。」誰知從未見過美少女的孩子說：「爸爸，我們帶隻鵝回家好嗎？」父親只好說那都是些邪惡的傢伙，孩子不明白這樣美麗而可愛的「鵝」為何邪惡？覺得她們比天使還美，他執意要帶「鵝」回家去餵。

　　面對生命的自然情愫，拒絕自然的不寬容之聲有多麼微弱而愚蠢。在這個意義上，寬容的人類精神多有可貴之處，人類的文明史正是在不寬容與寬容的交替之中書寫的。

　　寬容存在於友善的交往之中，在擠壓和敵意之外，自由因此附麗生命。用寬容的目光審視歷史，會看到對很多事情的解讀，對不寬容舉止的麻木意味著沉淪。如果客觀地加以還原，我們可能看到，誇張的描述往往根植於樸素的開端，我們在解讀歷史的同時，似乎預設了事情之後的歷史整理方式，在日常生活中保持對他者自由判斷的公正理解，避免以自我概念識別真理、重構合作的模式，才能夠以真理見證者的身分顯示寬容的力量。

　　寬容無法擺脫自身的限制，對其限制的漠視令寬容走入悖論，以至於用一種不寬容推翻另一種不寬容。有學者認為：「澄明寬容的界限，其目的絕不是否定寬容，恰恰相反，這正是要維護寬容的聲譽，弘揚寬容的價值。」

　　寬容不是對缺德與無恥的原諒，也不是對儒弱與悲哀的憐憫，更不是對暴力與野蠻的容忍。成熟的寬容是在澄明其界限之後，進入平等、正義和溫暖的生活狀態，是對個別自由權利的堅守。面對不同的生命情景，我們要確認在具體的場景之中是否具有寬容的資格，即寬容的生成與社會的發展內在融通。

　　成熟的寬容要求人們對虛偽的交往施以壓力，對膨脹的欲望加以鄙棄，對殘暴的強權給予挑戰。只有這樣，才能夠避免寬容的喪失，才能夠維護寬容的本質，也才能夠讓寬容者感受到生命的價值。寬容的格局因此穿越迷離的歲月，為哲理的辯護指明積極的道路，從而拒絕因偏執而生的悲劇重演，繼而走進人類文明的深處，在執著的火光中逐漸照亮周遭的黑暗，以獨立的身軀挺起偉岸的生命力量。

5 生活的「末班車」情結

　　透過末班車的窗戶，能感受到車外變幻的風景，穿梭在誇張而耀眼的韻律裡。路燈的光慢慢移動著，從我們的臉上悠然地掠過，回憶漸漸地變得清晰，穿過模糊的視覺空間，一切都在路上。生命是充滿憧憬的旅途，我們佇立在人生的月台上，一遍遍地忍受時間的煎熬，一次次地把行李提起，近乎焦急地感受某種期待。兒時的家離鐵道不太遠，我的目光偶爾定格在鐵路邊上，任奔馳而過的火車載著天真的思緒奔向遙遠的世界。長大後，滿懷欣喜地到很多曾默默嚮往的文化都市，隨旅伴或者獨自一人，漸漸地，旅途不再遙遠。坐在車廂舒適抑或不舒服的座位上，彼岸和此岸因為時間而存在，外面的夜毫無止盡，我卻毫無睡意。

　　祖輩和父輩為生活所迫，當年隨著無法擺脫的客觀世界奔走四方，少年的心激越地跳著，將鋪蓋捲好後背在身上，開始跟喜歡的抑或不怎麼喜歡的人交朋友，生活往往會磨平很多稜角。如今，我們邁著追求的腳步，一路上小跑不停，追著去登上疾馳的火車。腳步慢的只能望著天空發呆，因為前面已經是一條陌生的河流了，如此一來，能搭乘末班車就變得極其可貴。在獨立的思考之後，每個人的頭腦中都有一片海，在堅持的起點上，每個人經過艱難跋涉後所面對的彼岸有所不同，但對機遇的渴求大抵是一樣的，每列末班車無疑都通向自己憧憬的時空。

　　其實，現代生活的最大好處就是使人們善用智慧去應付自身的固執和笨拙，將遠處的曙光反射出彩虹。面對末班車所昭示的未知旅途，歸期沒有確定的必要，如果在旅途中產生定居的願望，所有異鄉都可以成為未來的故鄉了，思維的獨立和目光的超前是可愛的跋涉優勢。

末班車的前後是兩條完全不同的河流，匆匆啟程後再回首，很多東西都找不回來了，能找回來的只是浸泡在談論中的見聞，或者是某種走遍天涯的孤獨感受。人們對末班車的感受未必一致，因為有些人喜歡趕早班車，這樣不僅聽不到任何的喧譁吵鬧，還可避免上班遲到的風險；趕末班車者的感受則頗為不同，或者因為拖沓而錯過了預定的班次，或者因為樂於感受緊張帶來的刺激，或者因為偶遇而隨緣上車……處境儘管不同，但與那些因各種緣故而乘不上末班車的人們比起來，很多事情從此便有了似乎截然不同的差異，他們是幸運的，至少不必發出類似於「一步錯，步步錯」的嗟歎。

末班車情節伴隨我二十多年的求學生涯，並非等待緊張的刺激，時光大多在執著的努力或選擇的掙扎中悄然流走。從年幼時上幼稚園成為「天天向上」的小朋友，到攻讀使生命逐漸深遠的博士學位，人生總是在瞬間掉轉船頭，遠方的燈塔並沒有因為船頭的轉向而改換方位。理解抑或不理解的改變逐漸成為名詞，隨著動詞的生成而延續順境和逆境的故事。生活不能也不可能重複，每天晚上聽著時鐘的滴答聲，跟火車旋律似乎產生了共鳴。思考在這時開始運作，長久地無法平靜，生命的花朵於其中自然綻放。

在回憶的印象中，登上末班車的情景獨具韻味，就是那樣一個腳步使生活變換了容顏，容顏之外的世界隨之變幻，我們無法視而不見。

末班車裝著綺麗的空氣、味道還有迷人的傳說，它們交織著我們追求的生活的全部意義，特別是這種意義有時候似乎遙不可及。當堅持變得無比艱難，我們近乎退卻的時候，曙光已經悄然來臨，似乎是奔忙之中一個微笑抑或欲言又止的句子，讓我們心

靈為之深深地觸動，重要的決定有時候恰恰是在突然的觸動中萌發而不可遏止地要加以實現的，因為以往模糊而不可名狀的期待得以啟動，我們不能不給自己的理想一個現實的回答。在夜晚的茫茫人海之中，無法解釋或始料不及的事情總是要發生的，儘管在不久以後，又一輪的早班車已經發動引擎，一切都隨著昨天的遠去而實實在在地粉墨登場了。

6 人生的楚河與漢界

「人生如棋」，因為人生的起承轉合不僅遵守一定的章法，也依靠運轉自如的創造性智慧。人生的韻味往往存在於對在確定性規則的守持中所生發出的個性力量，這種力量的發揮大都在與對手的博奕中完成，有人從殘棋入手，或者在對方處於劣勢時出現，或者在己方處於劣勢時上場，基於出身的差異固然呈現棋面的大致走勢，但前者未必能贏，後者也未必能輸；有人從起點或雙方輸贏難料的中場入手，這樣的對奕似乎表露出幾分「公平」的色彩，其後的輸贏全憑奕者的道行，輸者固然沒有太多的面子，但贏者卻一定感到光彩。

阿城的《棋王》充滿質樸的鄉土韻味，讀後掩卷沉思，漸悟棋道三昧。從表面上來看，象棋的遊戲規則當然是馬走日、象走田、小卒一去不復返，這個道理我在兒時玩獸棋的時候就懂，象吃獅，獅吃虎，老鼠鑽大象，最渺小的老鼠也有機會向食物鏈的頂端進攻。後來接觸軍棋，詫異於卑微的工兵肩負著最重要的使命，其中蘊涵豐富的哲理。直至認識棋子中層級差別頗有蘊意的象棋，生活中有很多「高手」在茶餘飯後拿著棋盤帶著棋子「殺將」開來。

在大橋旁抑或馬路邊，也有人撐起殘局誘你一賭，嘗試者大都垂頭而歸。也曾加入中學時代的「手談會」，在課餘時間展開棋藝的比試，再後來接觸了阿城的《棋王》，洗練的味道淡出手談者的經驗視野，淡入遠離嘈雜的智慧境界：「萬般皆下品」，唯有對弈時。

一張棋盤隔開兩個世界，一道楚河隔開兩部棋，棋裡棋外都在演繹人生。人說世事如棋，亦有山脈以「棋盤」命名，兩位仙

人對坐在一株常春藤下，拈著鬍鬚琢磨過世間的斧柄都爛了也想不透的好棋。

棋中無疑有「道」，棋道代表執著而超越時空的智慧存在，教你思慮造化、洞明世事，其行為、品位與生命境界殊途同歸，尼采說：「生命是不斷從自己本身拋卻將要死滅的東西」，並將之視為人性從靈性之中分離出來繼而超越自我的前提。《棋王》以棋為支點，再現了手談的境界，在以靜制動的審慎中不斷「拋卻將要死滅的東西」，其滄桑的背景正是一張極具韻味的棋盤。棋中的道理值得深玩，比如走田的象永遠不過對岸，比如走日的馬不能橫衝直撞，比如「小卒一去不復返」，因為人生往往沒有回頭路，積極進取的芸芸眾生總是要追問自己在智力遊戲之中是否可跨越楚河漢界？

「道法自然」，玄遠的中國意識流對於現代意識構成了重要的參照，未必淨面洗手，省卻清香一爐，專注地對弈人生，寂靜的世界掩藏了請君入甕、旁敲側擊的深沉心機，儘管長期作為街巷的「俚趣」而存在，象棋同圍棋一樣體認對弈的境界。

「道可道，非常道」。棋道是遠離虛無的積極存在，奕者雙方的視野和洞察力較量是遊戲的魅力。打一個不太高雅的比喻：一匹騾子站在一群豬中間，即使不長耳朵，也一定顯得很高。《棋王》中那場難得的競技大賽沒有「棋王」的身影，給人們預留下無盡的韻味。在人才輩出、各領風騷的時代，主人翁應該能夠自如地過關斬將、脫穎而出，但大愚大智的主人翁並不在意這種功利層面的認定，他在高水準的民間手談中似乎悟出了生命的真諦。「當事者迷，旁觀者清」，真正讓棋外人看清楚的並非具體的細節，而在於奕棋之外的人生與遊戲本身的道理殊途同歸。

《棋王》後來被改編成電影並且獲獎，與小說受到讀者的肯

定一樣，證明關乎淡入淡出的智慧人們頗為需要，其點染的人生
藝術在濃郁的意境之中表達出世入世的道理，無論與棋有關抑或
無關，在品味「棋王」孤獨的同時，我們還應該提醒自己：疲憊
地為生活之外的目的活著，找尋不到真誠的家園，無疑是難以擺
脫的寂寞，與孤獨的思考比較而言，寂寞乃是荒置棋局的錯位，
這樣的錯位從來都不是人生真正的需要。下棋時，是人跟著棋子
的運轉而思考，還是棋子伴隨著人的思考而對話，這箇中選擇是
不可忽視的問題。

7 給代溝隔閡一份理解

當「代溝」由陌生的名詞變為客觀的認同，出生於不同時代背景中的人們在面對親情的時候，會遭遇不同程度的困惑，因為對方的思維方式和價值觀與自己有著難以抹去的差異。當雙方因為血緣的愛而試圖抹去這種差異的時候，往往忽略對方的主體認知，情況一般來說是這樣，晚輩驚異於長輩的保守與固執，長輩讀不懂晚輩的張揚與隨意，諸如此類的困擾確實都是出於好意。在這個意義上，透過解讀與體驗對方生活環境中的文化特徵，可以在獲得深刻理解的同時，充實自身的文化含量，使「代溝」存在的可能性降到最低點。

很多事實都已經證明，曾經在知青歲月燃燒激情的人們進入了「後成長時代」，儘管他們沒有充分認識到這種態勢，但面對不斷變化而感到措手不及的表情，似乎證明了這種「成長」還伴隨著某種煩惱，尤其是遭遇自由張揚的「新新人類」的乖張、反叛與另類，很多爭吵、衝突和對抗就難以避免，他們甚至被對方視為難以理解的惰性現象。「人類一思考，上帝就大笑」，他們沒有上帝那樣幽默，面對「新新人類」的思考，他們非常生氣。

他們經歷過很多沉重的故事，有過難以言喻的蹉跎和徬徨，當生活環境發生變化的時候，他們就迫切地渴望從「新新人類」身上找回被歲月銷蝕的自我，並盡可能給予「新新人類」最大的關注，抓住一切可能的機會，講述各種有關的道理，感覺良好地以為自己的人生經驗足以使對方避開生活道路上的風風雨雨。誰知這種努力吃力不討好，因為在「新新人類」眼裡，他們總是活在矛盾之中，而較之「新新人類」生機勃勃和銳不可當的青春力量，他們開始感到刺眼甚至眩暈，自己的聲音也因為缺少力量而

　　當「代溝」由陌生的名詞變為客觀的認同，出生於不同時代背景中的人們在面對親情的時候會遭遇不同程度的困惑，因為對方的思考方式和價值觀與自己有著難以抹去的差異。

　　其實，寬容與真誠是開明父母必然的選擇──「假如你愛他們，就放了他們！」兩代人在幽默的表達中找尋一種共同成長的路徑，才是填平代溝的最終力量。

變得有些蒼白。

　　這種衝突的本質在於「新新人類」要獨立思考，要高揚自己的文化，要達到自我陶醉的高潮，卻不太顧及他們的失望和無奈；而對於「新新人類」的事情，他們大都不知道、不理解、不懂得，以至於因為不可思議而感到很不喜歡。武斌先生的《家有新新人類》中，講述在可樂罐、薯條、動畫、電玩遊戲和滑鼠中展開，伴隨著懷疑、批判與反思，他與其子武阿蒙之間的文化差異正是上述兩種群體的個案，在父親的腦海中，孩子在國外可能的遭遇應該是佇立在風雨中，猶豫、徬徨和失魂落魄地抹著滿是雨水的臉；在兒子身上發生的故事情節卻是頭髮染黃了、綠了、又紫了，T恤衫每週換七種顏色，調過酒、紋過身、賣過血、養過蛇、寫過書……總之，過得很舒適。

　　面對具有強烈反叛意識的群體，武斌先生突然對「父親」的涵義產生疑問，兒子的思維讓他難以描述、理解和詮釋，比如對「新新人類」對理想、抱負等感到陌生，他們為了自身生活狀態的提升而努力，置身於發展的快車道，彈奏極其自我的音調。武斌先生在對這種生存態度的憤怒中漸漸看到，對於民族的繁榮進步，可見，這樣的「新新人類」並不缺少人類的善良、正義和愛，他們的靈魂仍然在仰望星空。

　　《家有新新人類》擺在作者十餘部學術著作之間，似乎也有一點另類和乖張，卻不失一位父親生活世界的深刻。

　　英國歌手史汀這樣唱道：「假如你愛他們，就放了他們！」武斌先生在幽默的表達中逐漸找到與兒子一起成長的路徑，以期避免在變化多元的時代成為另類眼中的「另類」，從而擺脫專斷、固執和平庸。這種寬容與真誠是開明父母必然的選擇，在與兒子面對面的時候，父親於探索和思考中明白，青年有無法忽略

的力量，改變孩子實際上也不可能，他們有自己的思考和選擇，他們要去完成屬於自己的事情，固執的越俎代庖是另一種不成熟，儘管他們還不夠成熟，還不夠堅強，也還沒有充足的智慧，但另類的「新新人類」終究會成長為社會的中堅，兩代人要在平等的追求中找到充滿生活品質的精神力量。

8 年輪與人生的定位

孔子曰：「三十而立，四十而不惑，五十而知天命，六十而耳順，七十而從心所欲，不踰矩。」在歲月銷蝕與人生磨礪中，人們的智慧達到游刃有餘的自由境地。當然，年齡和心智未必是對應概念，孔子所言只是說明人生經驗的累積依靠必要的時間旅程，並未否認「有志不在年高」的道理，也未否認「無志空活百歲」的事實，若說三歲孩子能洞察世事，當屬無稽之談，可是若在霜染白髮之年，仍奉「無所謂」為生活圭臬的「老頑童」，便未必是什麼妙事。因此，回味孔子對人生歷程的智慧梳理，可見其中蘊含著對成長歲月的規劃，在生命週期的運轉中，我們應該在適時的歲月生成自如的智慧。

在生活節奏日益迅速的時代，少年的視野與古代已有很大不同，他們能夠走出家庭的侷限，透過網路傳播的資訊了解大千世界，在課堂上接受富有時代感的知識，在與同儕們的對話中領悟生活的道理。總之，三十而立逐漸不適合對現代人成熟狀況的判斷，應該適當提示，以二十歲為人生重要的起點，潮落潮起的年少時光，總讓人一邊行走一邊回味。在不經意之間，成長的歲月在少年的心中雕刻幾許難忘的痕跡，在寂靜的晚上，獨自面對朦朧的月光，腦海中突然呈現穿越昨天與今天的對話時，心底便隱隱約約孕育出一張自己的唱盤，生活不是單音節的重複彈奏，成長的年輪雕刻的是和弦的韻律。

真的沒想到就這麼長大了，對周遭的事物已有了明確的是非之見，但喜悅之時缺乏自持，挫折之時如受傷的鳥，一遍遍重溫舔著流血的傷口的體驗，經驗只能在時光中聚集，心境也只能在成長中豁然。

　　余秋雨先生說：「青年是歌頌的陷阱，中年是當家的滋味，老年是如詩的歲月。」在歌頌的陷阱中，人們總想找到自己的位置，樹立自己偉岸的形象。

　　恍惚之間感覺，當有一股力量促使你翱翔時，你是不應該爬行的。有時自喻為一株生長在瓦縫中的小草，雨打風吹，如泣如訴，即使走出帶血的足跡，只要心不被磨破，就仍要用不屈的雙腿感受生活的輕重。但青春不該過於沉重，「在我們出生之前，這個世界已經精精彩彩、複複雜雜地存在過無數年，我們什麼也不懂，能夠站穩腳下的一角建設一點什麼，已是萬幸。如果刻苦數年，安然從腳下扎穩根基，與世界的整體命脈相連，那也就使自己單薄的生命接通了人類。」以這種心態開啟追求的腳步，穩健地超越自我，倍感踏實而坦然。

　　二十歲是人生不可多得的舞台，青春是舞台上匆匆的角色，同時是另一個舞台下的觀眾，在角色的重疊之中讀史、讀人、讀自己，健全獨立人格，切莫為要成熟強說愁，切莫在青春的揮霍中幼稚地瀟灑，在已經加速的而立之年，眼前是等待支配的十幾年韶華及數十年佳期，只能執起人生的酒杯，品嘗未必甜美的人生之釀，漸漸找到屬於自己的定位。

　　別讓年輕的臉孔蒙上孩童的苦相，為了讀懂真實的世界，我們要挺起胸膛，收穫整個春天的希望和秋天的金黃。「遠方有多遠，請你告訴我」，我們不在乎路途的險阻，在年歲更迭的時光流轉中，要留給世界執著的背影。真正擔憂的是，追求的箭囊不能空癟，力圖做每次競爭的奮鬥者，這是我們選擇的一生為之努力的方向，在當家的滋味來臨之前，我們要認真品嘗「二字頭的花」，它們「都只開一次」！

　　青年的階段因稍有成長，此後的中年當然不再有少年與青年

的青澀，當家不僅是一種感覺，更是具體的生活過程。等待照料的事情很多，他們不僅處於事業的穩定上升期，還要考慮「上有老，下有小」的問題，作為家裡的頂樑柱，慎重地選擇與辛勤的努力成為日常功課，這樣的支撐發生在如詩的歲月之前。在如詩的歲月，人們終於感到頤養天年的樂趣，更多的是以觀眾的姿態等待舞台的謝幕，含飴弄孫之餘，他們在回憶中感受以往的經歷，彷彿回到了青春，有苦澀、有甜蜜，每個人的經歷都是對已逝時光獨特的證明，成為後代尋找人生定位的參考。

9 領悟歷史的智慧

　　歷史是智慧而神奇的老人與時俱進的不老腳步，有博古通今的卓越功能，閱讀且參悟歷史，素來被視為明智之舉。博大精深的歷史嚴肅地告訴人們，應該透過苦澀抑或歡欣的淚水，看到往昔時光的悲哀與快樂，繼而品讀民族崛起的背影。在這個意義上，歷史整合的是文明的碎片，正因如此，人們看重對歷史的理解，試圖在理解的過程中找到智慧的痕跡，用以衡量自己的人生，歷史與現實從未徹底地斷裂，「一切歷史都是當代史」。

　　歷史是人們的生活印記，我們可能獲得的印記「文本」儘管並不完整，但無疑勾勒出不同時代的轉換的基本脈絡。特別是歷史人物的智謀、韜略、功績為後人的創業發展提供了精神參考，歷史人物的種種弊端和奸佞的倒行逆施，或為時代風尚所避免，或為奔跑在人生道路上的執著追求者所借鑑，以降低遭遇煩惱困厄的可能。經世致用，齊家治國，繼往開來……

　　中國歷史人物的社會責任感蘊含豐富的人生境界，他們大都是沉重的，他們的謀略是在處世的過程中凝練的高度人格化的智慧，是奔波在實現自我的路途上的需要，對事情的無所遺憾在於謀略的成熟籌劃，即使遭遇尷尬而失利，他們往往也無怨無悔。從經驗層面看，高明的謀略讓人嘆服，籌劃者在成就自我的同時，也豐富了人類的文明；而從教訓層面看，似乎拙劣的計謀往往只能自欺欺人，如果說高明的歷史人物已令無數觀眾傾倒的話，拙劣的歷史人物充其量自我陶醉，甚至有時候連自我都無法陶醉。

　　不同時代的人們都可能嘗試對歷史人物作簡要或複雜的個案解讀，從個別追求成功的視角切入，因為成功幾乎是每個人都渴

望體驗的人生境界，儘管不同的人對於這種境界的體驗程度和範圍不同，但是他們的追求無疑都涉及自我實現的力量。成功源於智慧和踏實地進取，智慧的力量充滿光華，映射在機遇來臨的瞬間。經由正義力量的照耀而達到的成功，讓人們獲得實實在在的溫暖感召，期待的未來已達到可能的生活。歷史延伸著智慧之路，沒有智慧的路人只能承受迷失的苦楚，他們在遇到光明的時候也難以把握光明的指引。

對於成功的解讀要透過思考和分辨，領會為人之道和做人之本，理解「人之為人」的前提與潛質，從廣義角度看，人的成功在於認識、把握進而創造自己，這個連貫的過程是做人與做事的歷史的統一。

對於歷史的解讀要提煉可能成立的未來，參悟歷史絕非述說毫不變化的事情，它是從「現成」到「生成」，並在「生成」中不斷生發出「意義」的人生體驗。對於謀略的理解在於把握歷史的智慧，即閱讀者不能僅僅限於對某件具體事情的深度的關切，還要拓展具備超越眼光的視野，擁有詩意的存在情態，繼而感受人生的真諦。

解讀歷史、謀略和成功，構成了跨越人生視野不可或缺的步驟，直接指向人生的境界。當我們品讀這種境界時，總是在不同程度上汲取某種境界，以至於延伸或傳遞某種境界，正如我們站在岸上讀河，對於河與岸之外的人來說，岸也就成了河。

歷史體認時間的流程，時間展開人的發展空間，我們在這樣的時空中有所作為。閱讀承載著歷史人物的經驗與教訓，總要將具有深刻意蘊的歷史事實加以展開，對閱讀者來說，這也意味著專業研究與閱讀興趣的融合。對歷史的內容和主題抑或其衍發的內容和主題的思考，都僅僅是開始，都無疑會開啟文化理想和文

化追求的新的起點。對於讀者的感受，作者實在不能夠奢望，因為「每一個心靈都有它的望遠鏡」。不同的閱讀視角會產生不同的評價，歷史博大精深，人們總是期待因深入交流而產生的新收穫。

「前不見古人，後不見來者，念天地之悠悠，獨愴然而涕下。」歷史也會鑄成各式各樣的遺憾，他人的遺憾有時候也會成為自己的遺憾，殊不知，「古人」和「來者」總是在時空中轉換，作為「來者」的人們總要成為「古人」，「天地」從來都「悠悠」，遠望著「過客」。

10 世間自有真情在

　　感動是良知的提示，是面對關懷而生發的溫暖的情愫，在期望中推動人生的成長。感動的對象與感動者未必直接相關，面對雪中送炭的親友，人們當然感到胸中升起一團暖暖的存在；但面對他者堅強的身軀或尊嚴時，也會產生來自心底的認同和難以言喻的感動；亦有在關愛他者的過程中因對方的感動而獲得另一種感動的境況，感動之種種，無不是「世間自有真情在」的活的證明。在這個意義上，感動是人們在追逐幸福時所不可或缺的感知的能力，源自承載自身創造與努力的價值內涵。

　　有個女孩曾定格在我高中時代的視線裡，每天她都由母親扶著從校門走進教室。對於她，這著實不是一段近路。她吃力地沿著樓梯向前挪動雙腿，天天如此，從不間斷。

　　我知道她是執著而堅強的人，當醫生建議得過小兒麻痺的她休學時，她咬著牙堅持說不。當一個充滿陽光的午後，溫煦的陽光照在我們身上，我看見她的母親用自行車載著她騎向學校。身邊的友人告訴我，她的一條腿已經是義肢，由於大學錄取的體檢標準，她今年不會也不再參加大學考了。我的心顫動了，耳邊響起她往日的笑語聲：「媽媽，回去吧，我自己會慢慢上樓的。」她的母親微笑著點了點頭。

　　我發覺自己融化在這片氛圍中，就像陽光中的一片雪花。就是這個堅強的女孩，讓我看到人們面對坎坷時秉持的勇氣和不凡的求知力量，身殘志堅並非曠世的神話，這樣的堅強和勇氣使我不得不被超越自我的人們深深地感動。

　　感動是良知的提示，是面對關懷而生發的溫暖的情愫，在期望中推動人生的成長。感動之種種，無不是「世間自有真情在」的活的證明。於平凡之中造就的樸實情感，面對坎坷時不凡的勇氣和力量，都是讓我們得以感動的泉源。

　　在這個意義上，感動乃是人們在追逐幸福時所不可或缺的感知的能力，源自承載自身創造與努力的價值底蘊。

有個老婦人也曾定格在我的視線裡，當時嘈雜的車鳴聲不斷充塞著耳鼓，對面商店樓頂上聚集著鴿群，我和朋友向商店走去，穿越一座都市交流道，颼颼的北風吹在臉上，讓人感覺不出是很冷還是很疼，或許正是天氣的緣故，橋上並不擁擠，不多的人們匆匆走過，我們也打算匆匆走過。可是剛一上橋，便遇見一個伏在地上的乞丐，臉上一層塵土，穿著厚厚的棉衣，用幾乎明顯偽飾的表情盯著過往的行人，身旁是盛著稀疏幾枚硬幣的飯碗。單單透過他眼神中無法掩飾的狡黠，我們就完全可以斷定，這樣一個身體完整的，甚或是健康的、四十歲左右的男人絕非一個非做乞丐不可的人。這樣的「乞丐」看著我們，可憐地點頭或鞠躬以表示誠意，我們漠然地向前走去，沒有滿足「乞丐」的願望，卻感到心安理得。

　　橋很長，橋的另一頭站著一位老婦人，腳邊是滿滿一個編織袋的鞋墊。老婦人歷盡滄桑的臉上洋溢的善意微笑吸引了我們詢問的目光。「二十，一副，」她摩搓著凍裂的手，用著濃濃的家鄉口音回答：「純棉的，十五塊錢進的貨，我得賺五塊。」這質樸讓我們默默地買了一雙足以讓人感到紮實的鞋墊──是的，紮實的，能不斷地提醒我們生命中有一種溫暖的叫作堅強的鞋墊──我們接著往前走，當要下橋的時候，我又走回去買了一雙，我想，我的媽媽也是需要這樣純棉的鞋墊的，這一刻，我感到生活的判斷力投射出明亮的光澤。

　　我將口袋裡的零錢都給了那位為生計而堅強奔波的老媽媽，並不容許她拒絕，這個場景似乎告訴人們：冰冷的北風中，全世界的媽媽都是需要人來愛的。這位老媽媽是都市一道溫暖而執著的風景，她傳達的聲音與橋那邊的「乞丐」不是一種重量，因為喚醒他人的同情是不能放棄人格的，享受生命中的每一天，就是

懂得愛我們生活中每個善良而努力的人。默默地走在下橋的石階上，我們看見對面商店樓頂的鴿子飛起來了。

　　有個以撿破爛維生的外地年輕人也曾定格在我的視線裡，倚在被陽光曬得溫暖的橋樑上，他專注地閱讀當日的《早報》，年輕而專注的神情不允許你深昧這座都市慢慢蓄積的希望。生活中到處蘊含著感動的泉源，當我們掬起感動之水，清涼奔波的疲憊或淨化浮躁的時候，能夠感受到樸質的踏實，繼而在其後的進取中更加從容。在感動之餘，我們應該做出配享這種感動的成就，並讓感動的情愫成為人們恆久的傳承。

11 呵護健康的責任

有一個在醫院工作的朋友無比惋惜地說，又看到兩個年輕生命的消逝，恰如這句俗話：「男人車前馬後，女人產前產後。」默默聽罷此言，難受了好長一段時間，生命竟如此脆弱而不堪一擊？如果僅僅是因為生老病死的自然規律，大可不必如此感慨，可是他們不過才二十幾歲，甚至僅僅十幾歲，人生的起點剛剛開始，韶華便似流星猝然逝去，殘留的僅僅是一張對於死亡的證明嗎？

常常會想到《荊棘鳥》，想到動聽卻悽慘的歌，想到曾激情燃燒的生命。很多富有藝術才華的生命曾無比璀璨，卻曲終而命竭，看到他們對死亡的灑脫與對生之執著，人們感到悲哀——經過億萬次細胞選擇來到世間的人類，在與死神的搏鬥中毫無勝算的把握。人們在沉默之中思索，面對每日奔波的人生，除了感到疲憊的身心需要治療之外，似乎忘了生命原本可以創造很多奇蹟。這時候，聽到關於健康的聲音：「好好活著。」如此簡單的話承載不俗的份量，是對生命的守護，是對死亡的有力挑戰，是對人生與社會的負責。

很多都市人把「忙」和「累」當作口頭禪，生活習慣和生理時鐘的紊亂使得酗酒成癖、以車代步、晚睡晚起的現代人走進都市盲點。匆忙的人群，紛擾的人流，忙得呼吸幾乎不能勻暢，此情此景哪裡是「浮躁」二字所能概括的。難怪有人斷言，「現代都市病」將成為時尚，當都市病使煩躁與不安降臨時，人們呼喚健康，對健康的維護並非提倡清淨無為，而是努力在奮鬥的空隙淡泊是非，留完整的時間給生命。

陸幼青的《死亡日記》安靜地講述臨終者對生命的熱愛，儘

管不畏懼死亡，但人們總是留戀自己在世上未竟的事業，總是擔憂自己愛著的人們，總是感到孤獨。一句既正確又實在的口號——身體是革命的本錢，這句話在任何時候都不會過時，身體是不能忽略的，因為健康是人生格調的基礎，對健康的輕率與魯莽可能招致終生的遺憾和悔恨。

多年前讀到一則報導：一個十八歲農家女孩的生命因與絕症相遇而憔悴，絕症的殘酷在於對患者精神的摧殘超過對肉體折磨的百倍。同情使我致信鼓勵她堅強過好生命的每一天：「生活或許可以毀滅一個人，但絕不能戰勝一個人……」

她的回信灑脫而自然：「謝謝你來自遠方的關心……同時，也希望你能原諒生活的道路是充滿崎嶇的。當你遇到挫折，哪怕萬念俱灰，別忘了希望還在，因為你擁有健康的身體；當我不再健康的時候，我絕不失望，因為我擁有一顆健康的心靈；當我的心靈告別這個世界的時候，我絕不會恐懼，因為我曾經健康地生活過……」

我感到震驚，一個識字不多的農家女孩面對死神時，竟能夠引導人生不惑，支持精神不死，她懂得呵護生活的翅膀！

肉體和心靈的健康是生活的翅膀，生活中不乏有人忽略沒有腳的人，卻在意自己的鞋子不夠高級。當有了高級的鞋子時，又難以品味格調的意蘊，這樣的生活方式有時讓時尚的追逐者疲憊而少有所得。其實，很多驕傲無知的現代人對於健康是不懂得珍惜的，因對於健康的擁有與生俱來而忽略健康的存在。殊不知，沒有健康的身體，還有健康的心靈；沒有健康的心靈，還有健康的回憶，可憐的是不知健康為何物的人們，為了得到遠離生命本

質的微薄利益而沾沾自喜。因此，很多生活的翅膀殘缺不全者較之遨遊天際的鯤鵬，格調自然就差得遠了。

春節時，親友見面總不會忘記「恭喜發財」，這幾乎成為財富時代的親友間祝福的時尚。其實，對於珍惜生命的人們而言，還應該有一句清新潤肺的祝詞：「恭喜健康」。人一生大凡三萬多天，前十年幼小，後十年衰老，一半的時光還在夜裡過去了，短暫的人生難道不該好好珍惜嗎？捷克斯洛伐克作家伏契克握著滴血的筆寫道：「朋友們，我是愛你們的！你們可要警惕啊！」整日沉湎於消遣，在憂鬱中放逐，在低級趣味中沉淪，在酒精的麻醉中不知所云的人們應該傾聽這種善良而積極的聲音，彈奏自己的生命強音。

12　還給生活一份寧靜

　　總有一種都市的氤氳繚繞，從別致優雅的咖啡店飄出，讓人在恬淡的時光中沉浸，於閱讀中感受生命如水般流淌，品嘗咖啡的背景類似莫札特的音樂、畢卡索的油畫和海德格爾的思考，神采和靈感在閱讀間歇被時空啟動，哲思翩翩起舞。人生精彩或淡然的劇情漸漸地展開，理性背後的世界如霧般迷離，起舞的哲思關注生活世界的精緻變幻，渴望人生淡然與恢弘的更迭，然後緩緩流動在咖啡裡，隨著哲學演繹生活的體操。這樣的體操能夠讓思想健壯，因為精彩的人生離不開實在的智慧，其意義在於為日後的超越提供現實的可能。

　　對咖啡的真正品嘗在於享受安靜的時光，沉思、讀書或懷舊，沒有煩囂的不舒服與不愉快，無聊逐漸遠去，寧靜的智慧在這時挺身為自己辯護，它們詛咒虛偽、無恥與貧乏的張揚。在某個近乎懶洋洋的午後，我翻閱著海德格爾的著作，間或領略窗外的風景，卻沒有絲毫的漫不經心。對面安然坐著兩個僧侶打扮的人，認真地讀著經書，旁邊是兩杯清茶，他們於都市的寧靜處淡定，接近思考的忘我境界，我將這種對面的緣分視為思考的對話。

　　對咖啡的品嘗而言，加不加鮮奶或糖全在於品嘗者的習慣和品味，咖啡的氤氳不同於香菸誇張地繚繞，它似乎更具有生活的質感，試圖把都市文化妝點成溫暖的民謠。

　　這種氤氳有時候可以模糊因困擾而至的「煩」，讓無聊的往事為浪漫的遐思所替代，並在其中感受意義的自然生成。「醉翁之意不在酒」，品嘗咖啡的意趣亦在「山水之間也」，看著窗外的匆匆步履，傾聽自己在陣痛中成長的聲音，與其說品嘗咖啡，

不如說品嘗智慧，或曰品嘗真實的自己，將歲月織成承載歷史的智慧的回憶。

「敞開之境，不僅對光亮和黑暗來說是自由的，而且對回聲和餘響，對聲音以及聲音的減弱來說也是自由的。」海德格爾之音詩意地照亮生活的步調，智慧地超越世俗的繁冗，澄清思想探求的過程和意義，讓我們向著「林中路」真實地敞開自己，歌唱著希望，穿過都市的迷離，感覺生命的每一天似乎都是為尋找智慧和快樂而背著幸福旅行袋的遠足。

周圍有淡淡的音樂瀰漫，詹姆斯・拉斯特的《天堂鳥》，與咖啡的氤氳和哲學的寧靜交織在一起。很多事情模糊了「美」與「真」的界限，我們則寧願把「美的」當成「真的」，更何況，「真的」並不遙遠。生命在這樣的思緒中充溢著快樂的音符，似遠又近的曲聲縹緲，思考有一種淋漓的衝動，感覺在雨中悄然漫步，任雨水順著衣襟流淌。「天堂鳥」的歌聲瀰漫在生活中，在充盈氤氳的某個午後悄然點燃了我們的傾聽，讓我們在悠然的領悟中體味自由，跟自我坦誠地對話，並接近幸福思考的體驗。在某種意義上，「美的」就是「真的」，儘管它總是遭遇懷疑，總是被「假的」和「醜的」蒙蔽，但傾聽感動深處的自然，總會感到「真」與「美」的融合正在開始，總會感到藝術是情感曼妙表達的鐵則。

這項「鐵則」驕傲地告訴世界：美的閱讀是觸摸自然以獲得意義的領悟方式，美的創造是走在深刻體驗「形上之思」路上的在場演繹，閱讀和創造將在美的情愫的融合中對話。美的閱讀與創造提升美的情愫的藝術維度，對自然生成的天籟及人倫意蘊給予美的聆聽。並在聆聽中成為不可或缺的被聆聽者。當靠近感動深處的符號，總會有不同程度的美的溫暖質地得以澄清，並為藝

術敞開自身，延伸生成的路途。

　　一個人必須定時還給生活一份寧靜，當我們在為物質生活的奔波過後，靜靜地思考生命的展開方式的時候，哲思的舞蹈將悄然而至，咖啡的氤氳與音樂瀰漫營造的氛圍，只有經過基於物質生活的精神思考方能敞開。在很多時候，真正能夠擺脫庸俗煩擾而獲得精神幸福的途徑，必然需要這份能關照自身的寧靜。

　　《金剛經》云：「因無所住而生其心」，陶淵明亦有詩句：「虛室絕塵想」，定時讓自己獨處，讓自己深處寧靜的氛圍之中，它能讓無謂的重量漸漸離去。毋庸置疑，這樣的瘦身對我們大有裨益，因為思想的光澤從來都充滿陽光般的力量。

13 知識何以成為力量

　　人生是不斷豐富、不斷超越的過程，豐富在於體驗生活的廣度，超越在於領悟生活的深度，人生不應該在重複中度過，我們應該嘗試未曾經歷的生活，體驗未曾領略的境界。有一個故事曾經在坊間廣為流傳：

　　某記者採訪一個放羊孩子，記者問放羊孩子為什麼放羊？放羊孩子回答是為了賺錢；記者又問為什麼賺錢？放羊孩子說為了蓋新房；為什麼蓋新房？為了娶妻子；為什麼娶妻子？為了生孩子；為什麼生孩子？為了讓孩子放羊！這個故事讓我長久地沉思，生活怎麼會如此無超越地平移？放羊孩子沿著自己設定的道路規則地前行，卻難以感受山那邊的世界、雲那邊的人生。放羊孩子的生活是真誠的，卻同時驗證了「知識改變命運」的正確，我們要在對經驗世界的思考中，找到將生活提升為可能的生活的勇氣和智慧。

　　衣食住行以及更多的生活體驗構成我們的人生，思考並非人們生存的基礎，卻是人們超越以往生活的前提，在這個意義上，人生的豐富與超越必經哲學之思。哲學是一門致力於超越的學問，它探求既定的生活背後的意義及其提升的可能。哲學的本意告訴人們找尋生活之上的價值，繼而不斷趨向於智慧，讓智慧引領生活前行，隨著思考的深度和廣度的縱深與寬度被拓展，增加生活的閱歷，以確立人生的境界。得到認可的智慧是時代精神的精華，在動態思考的過程中，知識表現為智慧的結晶，智慧結晶的方式不同，正如人們理解問題的角度各異，不同方式的結晶確

立不同的生活方式與思考習慣，往往對性格的形成產生重要作用，因為我們在改變環境的同時不難發現，環境也改變人。

我們致力於掌握知識，繼而運用知識解決實際問題，但知識何以發揮重要作用呢？培根曾說：「知識就是力量。」這句話並非告訴我們，知識是力量的同位語，如果知識和力量是一回事，我們為什麼不把兩個概念合而為一呢？培根所要表達的是，知識是能夠產生力量的。知識為什麼能夠產生力量呢？因為知識糾正人們對事物的錯誤認識和實踐，改變人們陳腐的思維習慣，讓真理驅走人們心中的迷霧。

因此，福柯告訴我們，知識「凝視」權力。我們偶爾看到某個領域的權威，便肅然起敬，這個權威對我們的生活可能沒有任何實質的幫助，我們為什麼對他表示尊重？因為他是知識的化身，其所「凝視」的權力可能改變人類至少是某個地域的文明進程，其間的重要環節在於知識的應用，難以應用的知識很難得到良好的評價，沉浸於書齋「兩耳不聞窗外事」的讀書人往往被稱為「書蠹」、「書呆子」。

生活中有很多有用的知識，它們未必是書本知識，但在改善生活品質的過程中可能屢建奇功。透過讀書與考試掌握知識，是提升閱歷與品味的一種方式，這種方式在漫長的歷史過程中得到認可，從小學到大學，直至修得碩士、博士學位，都是用這種知識累積的方式。我們在小學的時候所掌握的是書本知識最基本的部分，中學特別是高中階段是成熟人生的萌芽，它是通往大學的過渡，儘管其間充滿初涉世事的苦澀，但風雨過後的彩虹特別美麗，高中的時光之所以令人難忘，就在於它誕生了人生很多的「第一次」，比如大學考，比如郊遊，比如戀愛……許多的「第一次」催化人生的成熟，在超越坎坷之後，我們終將懂得如何讓

　　我們致力於掌握知識，繼而運用知識解決實際問題，但知識何以發揮重要作用呢？生活中有很多有用的知識，它們未必是書本知識，但在改善生活品質的過程中可能屢建奇功。

　　衣食住行以及更多的生活體驗構成我們的人生，思考並非人們生存的基礎，卻是人們超越以往生活的前提。只要保持一顆思考的頭腦，無論是在書本內，還是在書本外，知識的魅力都會大放異彩。

挺拔的自我反射陽光，踏實地選擇與爭取，「珍惜擁有，無愧所求」，盡力鑄造歲月懷舊的經典。

　　人生的超越過程恰是理想成為現實的過程，我們尋求的起點可能不高，但不能因怠惰而錯失恆久的感動。不必盼望人生旅程全是順利的坦途，堅持終有期望，努力終將成功，海倫·凱勒、史蒂芬·霍金擁有的起點都不高，但少有起點高的人獲得比他們更大的成功，無論搭乘的是末班車還是早班車，只要努力爭取，終會殊途同歸。超越平凡的前提是我們勇於相信自己能夠達到塑造自我、優化社會的境界，同時以平常心對待人生順境與逆境的起伏，獲得智慧生活的方式。

14 青春歲月的質樸與激情

　　青春是不可多得的韶華，它未必是生理層面的時間概念，老年也可能「聊發少年狂」，作為心理狀態，可能的青春伴隨人生的始終。青春是性情洋溢的生活方式，它敞開生命的門扉，在對自由的渴望中表達自我。在這個意義上，儘管青春的火焰可能在升騰中灼傷揮舞的手臂，使人們獲得沉穩的警示，以滌蕩浮躁與莽撞的糾纏，但活力的揮灑始終定格於可資回味的風景。

　　青春的激情猶如初春的梅，兒時推開木板的房門，遙遙地望見耀眼的雪被，一樹寒梅在東北洋溢著生命的豪情，伴著古典的音符跨越風霜。就是那一樹寒梅，令所有的目光都難以穿越弦外之音，我歡快地跑進潔白的世界，與它悄然對視，似乎觸摸到「淡妝濃抹總相宜」的別樣江南，延伸著忽而輕舟蕩漾，忽而白浪滔天的青春河流；就是那一樹寒梅，毅然妝點出成長的顏色，使走過童年的青春站成昂揚的自我！

　　翻開厚厚的舊版的史書，看見紮著可愛辮子的孩子奔跑，躲在梅樹之間捉迷藏。長大以後，聽見用質樸的吉他彈奏的歌曲：「孩子讓我覺得真實，讓我露出本來的樣子。」這聲音與古韻濃濃的《梅花三弄》應和著，如同兒時鄰家女孩清爽的歌聲，塵封的節拍隱隱傳來……總會有「一剪寒梅傲立雪中」，一剪，兩剪，三剪，持梅的心緒反璞歸真，在青春的記憶裡，就是那一樹寒梅以傲然的姿態對峙著北風，在平凡的庭院間靜靜地綻放憧憬，獨立三九嚴寒，與蒼白的季節背道而馳。此時，渾身布滿陽光的味道，對比著寒冷與光明感悟人生。

　　聶魯達曾說：「所有的青春，都是潮溼地燃燒著，猶如雨水澆灌下的一盞燈。」在潮溼中燃燒，旺火強健奮起的勇氣，青春

是「早晨八九點鐘的太陽」，它要適應土地的養分，在對光明的渴望中澄澈，當陰霾靠近時，它以積蓄的力量推開灰暗的世界，正如傲雪的寒梅悄然綻放。青春不是表面的年輕，很多人在青春時代貌似老成，卻可能失去抵達可能生活的激情。青春的河流要過濾譁眾取寵的面具，留下凌雲壯志，讓踏實的足跡成為生命的種子，在被熱火融化的泥土裡悄然萌生，在雪化的時節傲然。

激情創造是青春的使命，它充實自我的時候浪漫秀美，「真情像草原廣闊，茫茫風雪不能阻隔」，它勇敢豪邁，敢於喊破世俗超越困惑，拒絕怯弱自卑，去印證無悔。梁啟超先生說：「少年智則國智，少年富則國富，少年強則國強，少年獨立則國獨立，少年自由則國自由，少年進步則國進步，少年勝於歐洲則國勝於歐洲，少年雄於地球則國雄於地球。」他說的是少年，指的則是青春，中國人的青春，擁有五千年血與火的中華梅，融入潮溼的琴韻，「總有雲開日出時候」，讓陽光蒸發陰霾，風華正茂地定格中原的風景。

青春不再有「為賦新詞強說愁」的矯情，它的枝條在曈曈的天地勃發，直率地讓風化的寂寞和誘惑土崩瓦解。青春逐漸遠離徬徨的無奈，在吶喊中等待真誠的回聲，在不同地域開拓人生。青春的起點是「獨善其身」，企及的境界是「兼濟天下」，真正的青春總是涵蓋危機意識與責任意識，以「時不我待」的激情感受真實的存在，讓生命力壯麗地發揚，完成嘹亮而充滿質感的旋律。在對話的河流裡，青春的中華梅從孩提的天空跨進外面的世界，因為時間篩出的蒼老不是成長的標誌，當陽光照亮青春的綠野，襯托的是成熟的色澤。

質樸與堅韌是中華梅的品格，從激情綻放到生命的終結，始終不改純淨的本色。漫天大雪飄飛，那只是對中華梅的襯托，意

志已經燃旺青春的火。誰沒有真正的青春過？誰沒有在今天和明天的邊緣守護過？誰沒有在如夢的雨露中渴望過？只有在奔波中讀懂青春的壯歌，才能夠看見果實深處的顏色，才能讀懂青春力量的傳播！

「天戴其蒼，地履其黃」，「前途似錦，來日方長」，那挺拔的紅色花朵「與天不老」、「與國無疆」，聞一聞它們的花瓣，我能感受到自己的綻放，視野中共同的瞬間芬芳。

15 為尊嚴承擔責任

　　尊嚴是人格的華裳，它是往來世界不可或缺的排場，人與人之間、團隊與團隊之間、國家與國家之間都存在自我尊嚴的保護以及解讀對方尊嚴的問題。過於輕視他者的尊嚴，以驕縱的心態為人處事，必將換來自己尊嚴的貶值；在趨炎附勢的表現中放棄自己的尊嚴，不僅得不到對方真正的尊重，反而或多或少地令人鄙視。尊嚴是勇士對峙的盾牌，莎士比亞以詩意的語言告訴人們，當對方對你表示出不屑的時候，你應該用自己的智慧和力量告誡對方：我的尊嚴是不能被輕視的！

　　童年時曾閱讀《岳飛傳》、《西湖民間故事》、《三俠五義》之類的民間文學，這類作品雖然通俗，但擺在唐詩宋詞之間也別有一番味道。據說文學起源於工作，這個推斷樸實得讓人感動，因為工作在歷史和現今都發揮積極的作用，這就不難理解民間文學的價值，粗通文墨之後，便約略知道《大宋宣和遺事》適宜演繹說唱版本，《清平山堂話本》適於評彈。因為「強人好漢」令人熱血沸騰，深層剖析這種感覺，應該不難理解，民間文學總是細膩地描繪封建社會內在的運轉方式，彷彿是打開鐘錶的後蓋，把齒輪的齒合展示給人看，這就是《水滸傳》之所以能夠跟《紅樓夢》等構成中國古典小說四大名著的原因。

　　藝術沒有國界，民間文學在國外同樣有極富潛力的閱讀市場，原汁原味地記載生活在不同國度的人們的生活和追求，必然構成閱讀的理由，於是偶然知道了《冰島薩迦》。在很多北歐語言之中，「薩迦」幾乎是標準名詞，專指描寫中世紀冰島或挪威的英雄故事的書，故事的篇幅大都很長，但大可不必擔憂因此帶來的閱讀痛苦，因為某些文字把文化演繹得很文化，把生命展示

得很生命。「薩迦」英雄認為，家族的榮譽和自身的尊嚴比性命重要得多，其超然的筆調處處體認尊嚴的價值——每個人都有權利光榮地死去或者活著。

在每天陽光照射不到四個小時的北歐黑暗而寒冷的冬季裡，《冰島薩迦》一度給這個國家的人民提供了解自己民族一千一百多年歷史的機會，儘管居住在歐洲世界的最西端，人口非常稀少，但「薩迦」讓他們永遠不會忘記，自己的民族是一個獨立的存在！在這個意義上，與生活在地球另一面的我們的情感是相通的：自由的生命只能由自己來支配。尊嚴書寫著生活的意義，它是人們在昂揚地面對陽光時，額頭上緩緩舒展的皺紋，如果榮譽和尊嚴遭到侵害，甚至遭遇外族鐵蹄的踐踏，我們就要用自己及同胞的血肉去築起新的長城！

《冰島薩迦》收錄了「薩迦」中最富盛名的上乘佳作，幾乎全景式地展示了一個行將滅亡的年代和文化，這個真實的古代世界與生俱來的問題與人們的意志展開艱難的博奕，渺茫未知的遠航、飽經滄桑的傳記、相互牴觸的命運、自相矛盾的恩怨情仇、命運多舛的富貴之家、悽慘迷離的愛情悲劇……

恰恰是它們使得冰島英雄們為自身和最親近的人的榮譽和尊嚴承擔責任，從人性與價值的角度來看，這種責任意識使原本的榮譽和尊嚴增值。對尊嚴的守持不為世俗功利所動，斯為大丈夫之舉——「富貴不能淫，貧賤不能移，威武不能屈」是也！在「淫」、「移」與「屈」的過程中，人們無疑可以減輕生存的壓力，但「不能」這麼做，因為與失去尊嚴相比，實在不值得！當人們對尊嚴自覺認同之後，會自然形成某種習慣，既不輕易放棄自己的尊嚴，也不隨意侵害他人的尊嚴。

16 為生活插上思想的路標

　　哲學是對生活的思考，這種思考猶如觀察陽光中的萬花筒，總會有新奇、曼妙的變幻令人驚異。萬花筒中的豐富變化源於陽光對彩色碎紙的照射，如果沒有陽光的照射，彩色紙屑在我們的眼中就無法閃現色澤。思考一旦離開生活，就會在假設中追問永恆的道理，這樣的道理能否被認可，還得經過歷史的檢驗，從而證明其有用或無用，所謂無用之「大用」是因為其內在價值與提高生活品質的途徑息息相關，毫無意義的思考從來都是要被扔進歷史垃圾堆的。

　　古往今來，人們對世界的思考呈現出五彩斑斕的圖景，但大抵可歸納為超驗與經驗兩種視角，前者自信地張揚形而上的智慧，認為日常生活鐫刻的全然是思想的路標；後者對這種自信產生懷疑，他們願意從身邊尋找確實的道理，卻可能限制了思考的眼界。

　　哲學不能缺失超驗視角，平庸地詮釋生活沒有精彩可言，任何哲學都不是頭腦中憑空的想像，即使思考看似漫無邊際的玄境，也要靠日常生活的經驗來支撐。哲學的超驗視角不能離開實際經驗的基礎，人們的思考有時候游離於生活之外，如同上課或開會的時候走了神，回過神來的時候可能忘記走神時想了什麼，毫無疑問，生活的現實不會因為分神而有絲毫改變。

　　人們對哲學的思考就有過分神的經歷，比如脫離或者不屑於思考日常生活的具體環節，或者將生活抽象為思想的標籤，繼而誇大思想的能力，從而「以不同的方式解釋世界」，這樣的努力固然可能講清楚各種道理，呈現出或灑脫或聰穎的人生境界，卻很難解決實際問題。哲學的超驗視角應深入淺出，其深刻源於對

生活常識的智慧把握，其淺顯意味著具有使人們輕鬆接受的能量。關乎經驗與超驗視角的融合，在兩種視角內在融通的過程中，感性描述與理性沉思得以對話。

哲學不能缺失經驗視角，因為任何哲學都有自己關注的對象，都要圍繞相關的問題發言。哲學思考固然不應沉湎於功利目的，但漫無目的地思考絕非明智之舉，特別是我們的思考應該在對歷史和現實的關注中展現責任意識。哲學的經驗視角與時俱進，隨著日常生活的變遷，我們可能遭遇以往從未遇到的難題，諸如心理疾病、網路症候群、恐怖主義等都要在深入思考中尋找答案。

同樣的道理，哲學不應成為書齋中的私語獨白，哲學固然要在嚴謹的考證中展開學理思辨，探索文本根據，但不應忽視思辨成果能否為生活所接受，哲學若要被大眾理解和掌握，就得用簡潔明快的形式表達，說出通俗卻深刻的道理。艾思奇的《大眾哲學》之所以曾獲得廣泛認可，就是因為其以通俗筆觸講述了必須在革命戰爭中自覺運用唯物辯證法的道理。在當今時代，哲學同樣不能成為無源之水，不能放棄關注實際問題的眼界。

只有融合超驗與經驗視角，哲學才能引導讀者把握生活中不可或缺的價值，提升社會的人文境界。之所以對大眾文化展開價值批判，是因為其中某些迎合庸俗趣味的作品誤導了讀者對日常生活的認識，以為沉浸於庸俗的體驗中，便可以獲得真正的快樂，殊不知，真正的利己必然同時在客觀上利他，從長遠來看，單純利己的願望從不會得到滿足，僅僅侷限於自我利益滿足的人生無疑是乏味的。

哲學的超驗與經驗視角猶如望遠鏡的兩個鏡頭，在觀察事物時缺一不可，遠方與腳下始終為「時代精神上的精華」同樣看

重。生活中的哲學不僅要批判大眾文化的盲點，探究時尚事物流行的文化機理，引導人們追求高尚的文化價值，還要使人們自覺提高文明程度，擺脫庸俗趣味與私利的束縛，具備促進社會進步與實現自我的和諧力量。

回歸生活世界的哲學不是社會發展的翻譯或解說辭，而是致力於提供解決現實問題的思路，判斷公共事件可能走勢，其高遠的境界相容鮮活的生活情趣，為理想和現實提供思想的張力，即哲學對生活世界的思考指向社會發展與人生幸福的認同，繼而使人們在生活節奏中感到工作展現的社會價值，展望未來發展的前景。

17　大學教育的人文指標

　　大學以反思的方式召喚人的存在，宣導智慧生活的態度，誠如康德所說：「人只有透過教育才成其為人」，「一代人教育另一代人」。我們的生命往往因為大學而變得截然不同，在很多祝福的目光中，走進了一片新鮮的空氣。當對大學的感受來臨之前，我們對未知的場景會有燦爛的設想，比如深厚的人文思索、風花雪月的浪漫、生命不能承受之重。小學，中學的很多事情已經忘卻，但大學的很多事情卻永遠不能忘卻，坐在操場上學唱歌，在熾熱的陽光下，穿上被汗水浸透的上衣，歌唱遠方的一位《老班長》，年輕的我們都很激動，心中充滿無限豪情，但諸如此類場景的很多細節，我們已經淡忘。

　　大學通常被視為知識傳播的場所，作為大學的基本功能之一，傳播知識與獲得知識往往被視為師生關係呈現的重要環節，這個層面使教育得以拓展，但前提是著眼於知識的範圍與詮釋方式，自覺培養學生運用知識的能力。只有當學生掌握知識的基本內容，秉持運用知識的科學方法，才能以超越的情懷追求高遠的人生。大學為人們提供學外語的空間，也不乏人們隔三差五地在都市各個與己專業有關的公司間穿梭，面對各位鴻儒，如廣告般投遞文稿。伯樂可能頗多，但千里馬亦可困頓，衝動超過生活的品質。這時必然回到圖書館某個角落踏實而虔誠地參悟前輩的思想，否則很可能站在大學的門外，而那扇門正關著。

　　身處大學當然要反思，反思大學的授課條件與學生的聽課方式未必重要，重要的是視大學為人生躍升的阿基米德點。大學應著力提供學生完善自我的可能，超脫世俗的觀念和權威，認識、把握並開發自己，營造平等的記憶，視尊嚴為生命，以驅散人生

的迷霧。

大學並不拒絕寬裕的生活狀態，但更重視精神的平等，家境頗豐的學子有意無意的「瀟灑」成為在校園內對比出貧富差距的範本，使「窮則思變」者樂於長期做「廣告小姐」和「業務先生」，貌似數不清的電線橫七豎八地劃破雲朵，空氣中開始充斥女孩的髮夾、薰人的酒精、香醇的咖啡……這些味道逐漸沉澱，繼而和空氣凝結在一起，每到臨考前急來抱佛腳，課本讀起來猶如天書，實乃買櫝還珠之舉。大學提倡在理論學習之餘從事合理合法的實踐活動，但要以不影響學習為前提，以正當有益的工作為原則，以有利於健康成長為尺度，大學拒絕盲從的月光族。

大學宣導身體之健美、物阜之華美與精神之壯美，訴求熱愛生活的奮鬥精神，鼓勵人們以汗水和智慧打造天地，但大學不因人文教育難以獲得當前效應，而以教育的專業化替代其應有的人文內涵。陸傑榮教授說：「大學培養自主性的人格，它是思想的發源地，提供有創造性的智慧。」大學教師要「傳道、授業、解惑」，教學不以純粹「授業」為目的，但缺乏對「授業」的重視或不具備足夠的「授業」能力也是其所惑，為此必須改變無知狀況，從長遠意義建構掌握並融通知識的方法，並溝通心靈。離校的時光讓人留戀，把推薦書整理得近乎精緻，換上一副膠框的鏡片，穿藍色西裝、打白色領帶，腳踏亮得誇張的皮鞋，面露笑容展示青春，開始另一種生活，結識另一群人。畢業走向社會的大學生為了理想的工作，不必出讓獨立的意識和能力，使社會淺層的事物急功近利地盤旋在象牙塔上空。

大學的人文教育應具有高遠的心態，大學高貴的精神追求應拒斥「狂妄」或「出風頭」，在紛繁複雜、變幻多元的時代，大學尤其要秉持文化傳統，確立近年發展的初始規劃，並在今後長

期探索與追求中加以詮釋。大學以人文的方式銘刻青春的光榮，塑造人類最美麗時光的歷史，大學與學生應以卓越的追求彼此互為榮耀，校友的成績之所以得到大學的肯定，在於大學著力延伸文化的傳承。

　　各種名校的榮譽是幾代人在自強不息的追求中凝鑄而成的，這種凝鑄固然反映了各專業領域的精神探索，其境界則直接反射了人文教育的光輝。

18 對人生價值的智慧沉思

　　生而為人，總要探求存在的價值，這種探求有所疑問亦有所肯定，對人生價值的審視開始於多元路徑，但任何路徑都關乎人生的歷程是否智慧？瞻前顧後的不智之舉令人感到遺憾。對人生價值的審視不能急於求成，它以沉思的方式展開，在沉思中揚棄以往生活的弊端，進而把握可能的生活，在不同程度上對人生價值加以智慧審視。

　　透過以哲學的方式審視日常生活，我們得以把握個人的價值，這種把握在審慎的考察中使人生靈動起來，人們既能獲得「天生我才必有用」的豁達，亦能獲得「敢教日月換新天」的睿智，這種豁達與睿智是成熟的人生不可或缺的。

　　沉思是人重要的存在樣態，它面對既往發生的事件，在梳理來龍去脈的過程中獲得人生經驗。人生經驗的累積沉澱有許多種方式，無論是從生活原生態中採擷最為素樸的生命體會，還是從學理層面衡量生活可能如何的詩意感悟，都是一種沉思，都是以思的方式把握人生之路。沉思要確認生活的意義，即從紛繁複雜的人生事件及其走向的背後找到人生的價值根基，沉思人生價值，價值的差異即沉思者生活品味的差異，價值沉思的內容與境界反映了沉思者的文化修養與人生眼界。

　　價值沉思是確立人生理想的過程，對人生意義的衡量或人生事件的估量總要在可能更好的層面思考，馮友蘭先生說：「人生哲學及哲學中之人生論，猶所謂自然哲學，乃哲學中之宇宙論也。……哲學以其知識論之牆垣，宇宙論之樹木，生其人生論之果實，講人生哲學者即直取其果實。……哲學以其對於一切之極深的研究，繁重的辯論，得其所認為之理想人生，講人生哲學者

即略去一切而直講其理想人生。」哲學的內容包羅萬象，其「果實」在於獲得理想人生，走出人生的谷底，拓展人生的眼界，「繁重的辯論」之所以必要，在於辯論結果力圖為人生兩難之間的選擇提供參考。

人們對生活的思考離不開客觀時空，總要對處境加以深思，把握可能到來的機會。《左傳》有云：「民受天地之中以生，乃所謂命也。」孔子要人們「知命」，避免怨天尤人；孟子要人們「立命」，活出生命尊嚴，展現出人對世界的創造力。人生的沉思可以從宏觀角度展開，但務必從微觀角度著眼，即從人的境況思考「知命」與「立命」，何以活出生命的尊嚴。杜思妥耶夫斯基說：「人每時每刻都要向自己證明他是人，而不是小螺絲！哪怕是被別人打一頓，也要證明；哪怕是用野蠻行為，也要證明。」為何要冒著挨打的風險與野蠻的威脅去證明自己是人？因為人「不是小螺絲」，他是有血有肉有思想的生命存在，總要探尋超越以往的生活，獲得體面的人生，以不同的超越與思考方式「知命」與「立命」。

人生的沉思力圖把握生活世界的規律，獲得日常生活的真知，「熟知非真知」，「熟知」源於生活經驗，但生活要求「熟知」跟上變化的腳步，一味仿古的遺老之所以令人生厭，在於強迫人們接受其見解，他們的見解不乏經驗之談，但其中也混雜了過時甚至蒙昧的內容，接受這類內容，對理想人生沒有益處。對「真知」的把握至關重要，馬克思曾說：「在驚濤駭浪的思想海洋上，我進行過長期的浮游和探索，我在那裡找到了真理的語言，並緊緊抓住了被發現的東西。」對「真知」的把握絕非易事，只有在長期探索中緊握發現的東西，才能夠找到「真理的語言」。

價值
沉思

　　沉思是人生一種重要的存在樣態，它正視既往發生的事件，在梳理來龍去脈的過程中獲得人生經驗。人生經驗的積澱有多種方式，無論是從生活原生態中採擷最為素樸的生命體會，還是從學理層面衡量生活可能如何的詩意感悟，都是一種沉思，都是以思的方式把握人生之路。

　　價值沉思的重點在於「看得透」，思索人生何以如此與應該如何，是成為智者的必經之路。

價值沉思反映了人們的成長歷程，沉思的力道與廣度隨著生活閱歷增多而超越以往，對人生價值的理解也因為生活境遇的變遷而增進。價值沉思重在「看得透」，思索人生何以如此與應該如何？務必透過表層體驗而把握事物的深層機理，不為浮雲的粉飾遮蔽瞭望世界的雙眼，去豐富地實踐並輔以用心地體會。在這個意義上，對人生價值的把握既要對經驗的見解去粗取精，又要在生活中親自嘗嘗「梨子的滋味」，說出「別人沒吃過的饅頭」火候如何？嚼勁怎樣？繼而在日益發展的生活世界確立有益於社會，且屬於自己的人生路標。

19 讀懂生命的音符

　　音樂是人們生活中不可或缺的藝術，對不同音樂的熱中反映了人們不同的審美需求，不同音樂的質感呈現出不同的文化品位。很多朋友沉浸於藍調之中，藍調最初的起源並不高貴，來自於非洲的它，起源於貧困，美國內戰結束後，奴隸獲得自由，靠故土音樂自娛，在藍調的演繹中感受理想與未來。最初的藍調極少有樂器伴奏，很多白人將臉孔塗黑，模仿黑人音樂家演唱，藍調最初的起源與其日後的典雅頗有出入，倒也不必驚訝，因為爵士樂就是奴隸創作的，最初的名字是拉格泰姆，人們對音樂的演繹使其走出最初的滋味。

　　音樂的特色至關重要，人們之所以能記住某段旋律，往往出於其眾所不及的個性特徵，人們記住某個音樂家更出於此，音樂的創作者絕非職場的螺絲釘，他們應該爬過無數次情感的小丘，走在通往快樂的路上。杜思妥耶夫斯基感歎道：「最糟糕的莫過於做一個類似這樣的人：手裡有錢，出身清白，相貌可以，受過相當教育，人也不蠢，甚至心地善良，在這同時卻沒有任何才華，沒有任何特點，甚至沒有一點怪脾氣，沒有一個屬於他自己的理想，無不『和大家一樣』。」杜思妥耶夫斯基道出了個性之於人生的重要，個性之於藝術更是如此。

　　音樂可以舒緩人們疲乏的心靈，音樂對人們心靈的舒緩出於和諧的音律，藍調的高貴感可以加深人們對時尚生活的理解，穿名牌時裝、戴名牌手錶、喝名酒之所以可以不土氣，在於生活總是保有一點殘存的不明白，藍調的欣賞者不會胡亂地浪費工作所得，音樂讓他們感到自由是生命的微風，輕輕吹拂曾經的存在。

　　和諧的音樂可以驅散生活的乏味，使挑戰成為快樂的生活方

式，能夠走多遠取決於自己，即使遇到前所未有的阻力，也要在山雨欲來風滿樓的氣氛中拓展未來，在經歷過艱難之後領悟何為一帆風順。

契訶夫的《安魂曲》憂傷地演繹了一部部生命的寓言：

　　在某個遙遠的村莊，有一對患病的老夫婦即將辭世，他們回憶夭折的美麗女兒曾經在窗前的柳樹旁輕哼夜曲，那棵柳樹還在，但他們多年來從未關注鵝黃的樹葉和樹邊的小河，從未考慮在河裡放鴨養魚，從未考慮原本可以不做一輩子棺材匠；有一位年輕的母親，抱著將死的孩子到處求醫問藥，後來孩子死了，她突然不明白自己為什麼要趕路，為什麼不去思考人生意義；有一個喪子的卡車司機，運送醉漢和妓女，他渴望傾訴兒子得病、受苦及死去的過程，但醉漢和妓女只顧趕路，聽他說話的只有那匹老邁的瘦馬……

　　契訶夫的《安魂曲》不是音樂，卻道出音樂安頓靈魂的意義。音樂也是生命的寓言，以不同的音律演奏生命的存在與消逝，歲月之所以如歌，在於其見證了如水的生命曾經歌謠般地走過人生某些必經的歷程。

　　人們的舉手投足可以具有音樂感，面對很多無語的善舉，人們彷彿在聆聽天籟。生命的孕育出於偶然與必然的重疊，必然的是生命將要誕生。偶然的是生命要在選擇中誕生，自從被賦予生命的時刻起，人們應該擁有一顆感恩的心，社會的安定、父母的養育、自然的福佑都值得感恩，如果心靈如大海般遼闊，就會時時感受到和諧的音律。

　　個體的偉岸與渺小同樣重疊，成功出於內外界因素的融合，

離不開別人的努力，如果目中無人，通往成功之路的門就會永遠關閉。人生苦短，時光飛逝，即使學富五車或長袖善舞，終不能換來二十五小時的一天抑或十三個月的一年，故而務必掌握人生的路向，做出自主的選擇。人活在世上，重要的前提是挺得起脊樑，立得住腳跟，求真、善、美的理想人生，這種理想人生只有在和諧的氛圍中才可能完整地呈現出來，也只有懂得領悟和諧音律的人能夠獲得。

音樂講究起承轉合，恰如「山路十八彎」，人生從來都不是坦途，每轉一個山坳都加重一層陌生感，可是道路終於在水草叢中出現了，當穿越不知名的山谷時，頓時有心曠神怡之感。讀懂生命的音律，方知何處是險灘，人生方能駕輕就熟、履險如夷。

20　讀智慧的書，做生活的智者

　　為什麼讀書？這個問題聽起來非常簡單，要給出令人滿意的答案卻著實不易。自古以來，很多作答者幾乎都沒有獲得成功，讀書人也在困惑中不斷追問。隨著時代的發展，這個問題變得越來越難以回答，越來越引人深思。

　　中國古代關於讀書意義的名言似乎可首推「書中自有黃金屋」、「書中自有顏如玉」、「書中自有萬鐘粟」、「學而優則仕」是古代知識界的主流導向，大多數讀書人「頭懸樑」、「錐刺股」的全部價值在於獲取好的功名。書的內容是否意蘊豐富？似乎並不重要，因為關乎功名利祿之外的獨立見解難以給他們提供自我實現的可能，遂有很多讀書人在八股文中不知疲倦地塗抹，窮酸如范進者因不得志而生活無趣，「春風得意馬蹄疾，一日看盡長安花」構成孟郊的激情表達，類似的讀書充滿功利目的，難以找到「三味書屋」的真正意義。

　　中國傳統文人願意擺姿態，以展示智慧的深邃與超然，在讀書的時候正襟危坐，輕捻鬍鬚，搖頭晃腦地做陶醉狀。當然，他們確實很陶醉，儘管這陶醉幾乎與別人無關。於是，他們眼中的粗人給他們取了一些不太好聽的綽號，諸如「書呆子」，但他們不以為然，實乃癡也！我覺得以往文人的這種癡迷與形式主義有關，因為他們固執地看重文化屬性的表面，其實沒必要，如果他們胸懷足夠寬廣，就應該看到，世上無人不讀書，所讀之書不同耳！

　　書齋承載著智慧，讀書人走進和走出書齋，體認著智慧生產的流程。書齋不只是承載圖書的芳草地，更是智慧的田園。影片《綠茶》中有句頗有意味的話：「這個世界壓根兒就沒有壞人，

　　書齋承載著智慧，作為對成長過程的感受，讀智慧的書，是成為智者的重要途徑，讀書人閱讀的過程等同於心靈的散步，他們因此平和。恰恰是這種平和，使他們更自然地靠近生活的本質，在書齋找到屬於自己的玫瑰園，不是難事。

　　讀書人走進和走出書齋，感受著成長的過程。書齋未必只是承載圖書的芳草地，更是智慧的田園。

都是買賣人。」同樣，這個世界根本就沒有平民，都是讀書人。所讀之書不同決定了生活態度和行為方式的差異，比如沉浸在經營類圖書中，思維總是面向變化的市場；沉浸在文藝類圖書中，便免不了感物傷懷或睹物思人；沉浸在誘人思非思歹的圖書中，往往增多幾分鋌而走險的可能。在另一種意義上，讀書的品質與生活智慧的形成息息相關，「社會是一本大書」，只有對「社會」加以廣泛閱讀，方能領略智慧的生成。

古今快樂的讀書者自比「脈望」，即吃「神仙字」而化成的蠹魚，「鯤之背不知其幾千里也」，因為「書籍是人類進步的階梯」，對詩書的品讀在於找到生活的智慧和意義，這樣，才有曹雪芹癡文、徐文長醉書、歐陽修戀字……對書的神往是擺脫人生苦旅的快樂結晶。讀書是一種自由的對話，在這個意義上，「黃金屋」、「顏如玉」和「萬鐘粟」只是讀書人閱讀體驗的副產品，我們因書中的內容而或喜或悲，乃其指向對應讀者文化履歷的結果。閱讀是讀者對智慧的創造性理解，暢銷書之所以暢銷，在於其啟動了讀者的追求，只有在書中找到自己，才能在共鳴之中提升品味。書中有了自己，才可能純化智慧的追求，把握生命的價值，讀書其實是在讀自己。

作為對成長過程的感受，讀智慧的書，是成為智者的重要途徑，讀書人閱讀姿勢的優雅大抵等同於心靈的散步，他們因此平和。恰恰是這種平和，使他們更自然地靠近生活的本質，在讀書的過程中生發的會心一笑、難以抑制的真誠、手舞足蹈的灑脫都會給周遭的環境點染幸福的色調，在書齋找到屬於自己的玫瑰園，應該不是難事。

在智慧之路上，書是當然的路標，以整合智慧的方式在場，如果站在文化的立場上，書齋在我們的生活中移動，隨著我們的

智慧就地紮營。於是，我們永遠無法離開書，並將廣泛閱讀視為重要的生活方式。值得提及的是，二十世紀初，在我曾居住過的都市發出了振聾發聵的聲音：「為中華之崛起而讀書！」聲音穿過百年的風雨，仍然構築成時代的強音。讓「脈望」「白日飛升」，成為精神家園的雕塑，是讀書人的「大我」之所在，正因為擁有這種「大我」的追求，讀書人的價值才能得到社會的認可。正是隨著其創造財富的不斷增值，讀書人才能更好地品味知識的魅力，在智慧的旅程中確立人生的路標。

第二部

為人與處世

如果說我們要給自己看似漫長的人生定一個主題，那麼，「學習做人的原則和處世的技巧」將會是其中不變的備用選項。我們從他人的純真中獲取力量，在對比中領悟生命的真諦，學會用真情來舒緩生活的壓力。人生因為有了這個主題而變得豐富而飽滿。

1 營造健康的人生心境

據說，人類從軀體疾病時代跨入了精神疾病時代，雖應驗了某些心理學家的預言，卻不是一個好消息，從「世界精神衛生日」的一項調查結果來看，精神疾病患者已高達一千五百餘萬，患病率從上個世紀70年代的0.32％至今已成長數倍，初步形成一場世紀的精神流感。

媒體時尚版的編輯策劃喧囂與寂寞的主題，將聚光燈打在快樂與憂傷共舞的地方，正如某個億萬富翁守著珍饈美味悶悶不樂，而某個窮人則瀟灑地讚美他的稀飯和鹹菜。不能忽略的是，當人們習慣了卡拉OK的嘈雜、時尚節奏的另類之後，有時不得不面對某種難以言喻的心境，當然，也有人寧可忽略生命的健康和生活的品質也三緘其口。

但他們無疑是寂寞的，跳舞狂歡、借酒消愁都無濟於事，因為真正的寂寞在喧囂中是無法消解的。麻醉絕不可能是一種智慧，而心靈需要依託，需要在清新的精神「氧氣室」中感受暢快的呼吸。「氧氣室」內外是兩種哲學，「氧氣室」裡的人試圖回歸純淨，「氧氣室」外的人感受寂寞的狂歡。在「氧氣室」裡沉浸得太久，可能使人失去適應外界空氣的能力；而沒有經歷過「氧氣室」體驗的人，極易沾染悲觀消極意識，終會在某個沉靜的夜晚，感到人生近乎乏味，這就要嘗試著在「氧氣室」中沉澱疲憊的往事，讓以往的興奮與沉悶得以靜靜地過濾。

真正的「氧氣室」是大自然的牧場，我們是牧場上的自牧者，當「烏雲」影響了你的判斷力，可以到牧場感受陽光，因為「烏雲遮不住太陽」，如果看見烏雲遮住了太陽，只是因為站在特殊的角度，「橫看成嶺側成峰，遠近高低各不同」。真正的太

陽是一股生生不息的力量，烏雲怎麼奈何得了？牧場上的人們大都沒有悲觀消極的意識，他們只要活著，就能反射陽光，至於人生的位置和觀察的視角，則需要不斷調節，當我們經過陽光溫暖的照耀，可能會漸漸理解孔子的心境：「人不堪其憂，也不改其樂。」

烏雲不可能是天氣的常態，「人無千日好，花無百日紅」，人生就是由遺憾的片段組成的章節，我們每天都在各自的軌道上周而復始，在某個下午或是上午，一種叫作人生或命運的東西瞬間改變了，另一片風景就與我們擦肩而過。陽光的照耀會啟動人們的勇氣、智慧和知識，只有珍惜擁有，才能無愧所求，即使走在布滿荊棘的道路上，也不必等待和惆悵，只要不停地開拓進取，終會迎來柳暗花明的時刻。正如印度哲學家室利・阿羅頻多所說，「永不讓畏懼威脅你，面對一切你在此世間所遇到的和所見到的」。

陽光的照耀讓人們氣勢磅礡地超越自我，從不瞻前顧後，他們不會迎來打敗自己的結局。世上恐怕沒有人能夠享受完美的人生，但「不要怕，不要悔」，珍藏自己美好的經歷，努力投入足夠的熱情，終將取得成就，而曾經的責任意識、做人準則、厚重的人品都直接邁向久遠的將來，很多看似毫不相關的事情，都在默默打造未來的基礎。關鍵是有足夠的毅力和智慧走近陽光，當房間裡有兩扇分別通往寂寞和陽光的窗戶時，千萬不要開錯窗，有時候，選擇只有一次，時間不會等待我們在機會之間做太多的游移。

聽說乳牛在悠揚的樂曲中可以提高產奶的品質，孕婦在美妙的胎教中能造就嬰兒良好的身心素質，至少對純淨陽光、清潔水源的親近，對大自然的嚮往，對天籟的讚美，是有益健康的，也

是治療心病的良方。頭腦中籠罩著烏雲和佈滿陽光，最終的結局差別迥異，真正有毅力和智慧的人們應該成為反射陽光的熱源，有足夠的勇氣和能力驅走陰暗，甚至以陽光使者的姿態將朝氣蓬勃的力量傳給需要的人群。

當走出烏雲的籠罩，回首走過的路，隱隱約約是一段上升的階梯，只要集中精力、目標專一地一路攀升，前方的道路就絕不會「遊人止步」，當漸漸領略頂峰的無限風光，生命價值的探求所定格的美便穿越在多年後的陽光裡，我們在溫暖自己的同時，也照亮了周圍的人。

2 細節決定成敗

　　細節是人們生活的瞬間，高遠的抱負、恢弘的志願、執著的探索都要透過生活瞬間的整合得以成立，細節的鮮活是回憶中最為曼妙的環節。人們對細節的重視往往在追悔之時，頓足斯時斯地的表現為何如此不盡人意，甚至將細節的力量誤解為「只差一點點」，似乎很多大事之未成都倒楣在微小的細節上。

　　殊不知，成功的瞬間同樣是生活的細節，細節決定成敗，我們對很多微觀事物的忽視往往是失敗的起因。我曾在多年前拉著不滿五歲的表弟上街，他在蹦跳的瞬間單膝著地，拍拍腿，告訴我：「還好沒摔！」大人們趔趄的時候往往說「差點兒摔了」，孩子對細節的關注高於大人，他們或許是以謹慎的態度面對個曾熟悉的世界，大人們因為自以為對這個世界太熟悉了，而把很多重要的問題看成細枝末節。

　　城郊的空地上長著一棵粗壯的大樹，大概三個人才能把它抱住，從年輪上追溯起來，大約有上百年歷史了，樹根在泥土中扎得極深，在各地名樹彙集的植物園裡，這樣的大樹也就顯得平常。但你只要稍加注意，就應該感到這棵不知屬何科為何名的樹卻是與眾不同的，它沒有繁茂的枝葉，蚓動的彎曲，而只是由瘦小的枝幹延伸的挺拔，那瘦小的枝幹上都是你幾乎不敢相信的小葉，精妙、堅韌、輕靈，沒有名字卻默默積蓄著力量。在它面前駐足的一剎那，我感到一種關乎美與執著的震撼，讀出一種細節凝聚的力量。

　　據說在科羅拉多河畔有一棵大樹，有四百多年的歷史，在四百年間，曾先後141次遭雷擊，遇到無數次雪崩和風暴，卻巍然

　　細節是人們生活的瞬間，高遠的抱負、恢宏的志願、執著的探索……都要透過生活瞬間的整合得以成立。人們對細節的重視往往在追悔之時，甚至將細節的力量誤解為「只差一點點」，殊不知，成功的瞬間同樣是生活的細節。

　　細節決定成敗，我們對很多細節事物的忽視往往是失敗的起因，在與命運抗爭的過程中，我們應該讀出細節凝聚的力量。在關注大局的同時洞察細節，才能夠真正掌握命運航船的方向。

屹立在山坡上。可是不久之前，它倒了，只因為不起眼的蟲子，慢慢地，慢慢地，改變了一切！城郊空地上的那棵大樹與此不同，它小心得令人咋舌，可惡的蟲子似乎並不願意在它身上打主意，它一片小葉、一片小葉地累積著，將潛在的精神一點一點地發揮到極致。我悄然伸出手，在粗糙的樹皮上摩挲著，卻無法觸及它的心跳。每當看到這棵樹，我都會想到它所折射的某種生活狀態，想起歷史延伸的文化意義，生命源於泥土，小葉的心與根緊密相連，無聲地表達著整體的情意。

　　人類自古對樹有一種深厚的感情，在神怪小說中常會讀到山神從斑駁的古樹裡現身，莊嚴地閃亮登場。「樹倒猢猻散」在人類發展史上無疑是可怕的結局，樹是不能倒的，甚至不能輕易變換生長的環境，它就那麼默默地固守著希望，在遮風擋雨的堅持中構成世人的感激，成為激發人們頑強進取的自然雕塑，它與人的關係已經密切到這樣溫馨的程度，我驚詫於類似的風景。

　　可是，樹的生存並不因此而輕鬆，在家鄉的古代陵園裡，很多頗具歷史意蘊的參天古樹因為酸雨或其他侵害而即將面臨「下課」的命運，用於園林維護的資金不足以醫治它們的病痛。現代化高樓鱗次櫛比的時候，任何建築都不能離開木材，樹是原材料，結實的大樹就是質地優良的原材料，它們的存在有時可能阻擋了都市建設的進程，需要「借光」。當然，「借光」是被動的，於是，就有人在夜間偷偷地將一些老樹根部斑駁的皮剝掉，這似乎製造了一種老樹自殺的假象，但手段是惡劣的。他們忘了遠古的人類從森林中走來，他們忘了鋼筋水泥的都市與純淨的綠化帶應該相輔相成，他們剝光了樹皮，幾天之後就可以在建築工地上堂而皇之地破土動工了，卻從不臉紅。

　　人類走出用樹葉遮體的時代，仍要堅持與自然的對話，安頓我們的奔波，感受自然的歷史力量，以呵護人類「無機的身體」。樹所呈現的細節正是生活的細節之一，在對樹幹的粗壯解讀之後，對樹葉的品味意味著對生活意義深入研究的展開，生活中對事情整體的反思過後，總會有細節的畫面豐富我們的判斷。

　　恰如自在放歌的時候，氣勢具有宏觀的衝擊力，若能在此基礎上將每個微小的瞬間揮灑得淋漓盡致，方能進入藝術創造的佳境，在日常生活的舞台上，每個藝術家正是在對細節的把握中挺起魁偉的身軀。

3 女性的柔韌力量

在男權當道的清王朝，作家曹雪芹藉賈寶玉之口道出，男人是泥做的，女人是水做的，前者較之後者而汙穢濁臭，女人鍾靈剔透，女人之命運多舛及其愛情之磨難乃人生不忍卒睹之悲劇。其中包含著對男人價值的過分否定，卻突出對女人價值與尊嚴的首肯，女人無論多麼美麗、溫柔、浪漫，其價值與尊嚴還得經由男人肯定，其歷史性的悲哀可見一斑。

女人從對男人的物質依附而至精神依附，當從男權中解放出來之後，由物質獨立而至精神獨立，寶黛之類的悲劇已成為範本。巾幗不讓鬚眉，女人的價值從可能變為現實，與歷史揮手作別。

但古往今來，女人的形象往往柔弱而凄婉，曾經有一句流行的評論是：「女人啊，你的名字叫弱者。」傳統的中國女人常以被壓迫、被踐踏甚至被毀滅的姿態存在著，但作為事實的另一方面，她們的勤勞、勇敢、樸實值得稱道，她們並不是弱者，有時候還能夠為強者奠定道德境界。歌德告訴世人：「永恆的女性，引領我們上升。」「永恆的女性」為世界提供了溫暖的召喚，為勇士提供了生活的關懷，男人總要在看似柔弱的女人面前表露偉岸或紳士風度，正如女人總要以男人的雄偉為山水般的依偎，道理正在於此。

柔弱的女人面臨戰爭一定感到恐懼，但堅強的女人會用未必雄壯的身軀做出令人折服之事。如果女人是弱者，「戰爭讓女人走開」則具有普遍的意義，可是女人一旦不是弱者，則會自然融入槍林彈雨之中，繼而改寫戰爭的命運。

「戰爭」與「女人」都是具有史詩意義的宏大主題，戰爭奉

守血與火的英雄觀，女人淨化的心靈、無私的境界值得歌頌與體會，在她們身上折射出偉大與平凡的交融，具有深刻的價值。以「南丁格爾」的故事為例，她秉持著犧牲奉獻的精神，用充滿人道主義精神的柔弱雙肩撐起了人類正義事業的閃光支點。

戰爭是男人和女人共同的悲劇，影片《瓦爾特保衛薩拉熱窩》（World War II Yugoslavia guerrilla Sarajevo）放映多年後，當地渴望和平的人們並沒有及時地迎來安寧，薩拉熱窩的平民仍有機會凝視炮彈從天而降的奇景，有一個渴望「活到戰後去享受和平」的小女孩在陰冷而潮溼的地下室寫日記：「人們為什麼要打仗？」話語深刻而感人，小女孩的日記廣為流傳，有多少男子漢能對這個問題做出回答？女人不是弱者，從身軀的強悍程度來說，她們大多不如男子，但她們雙肩承擔的份量並不輕，她們對苦難的承受能力並不弱，她們把握命運的主體意識有時令人讚賞。她們拒絕戰爭，因為戰爭意味著流血、意味著犧牲，意味著美好的事物在炮火中化為灰燼，但若不幸遇到地球村的「黑鏡頭」，看到流離失所的兒童悲傷的眼睛，她們之中有些人選擇了承當，為避免戰爭造成更多的傷亡，而做出可貴的努力，甚至以勇敢的戰鬥作為理所當然的存在方式，很讓某些自以為是的男人自慚形穢。生命是寶貴的，作為「永恆的女性」，她們與男人並肩迎來生命的黎明。

4 禮儀是生活中交往的藝術

在人際交往中，第一印象是重要的圖章，而此後的表現與第一印象是否一致，也影響到這一圖章的加深或消褪。判斷的前提是交流的融洽程度，粗魯或過於隨意的交流令人無法感到充分的尊重，由於沒有好感，就不會有與對方進一步交流的願望，這樣的交往很難說是成功的。在禮儀規範的時代，不同職業及職業內部之間都需要建立交流與合作的平台，以適應飛速發展的多元生活空間，禮儀的缺失往往使對話變得異常艱難，在這個意義上，禮儀的溝通已經成為我們不能不讀懂的身邊的學問。

用現代眼光審視禮儀，可以找到人們立足於社會的重要條件，對禮儀文化的領悟是超越自我不可替代的途徑。物質財富的增加，科學技術的進步，要求人們對自身的行為加以自覺地約束，否則，便被視為蔑視規則的另類，可能與日後的機遇擦肩而過，抑或在交往遊戲中「自我放逐」。「倉廩實而知禮節，衣食足而知榮辱」就是這個道理。溝通無極限，禮儀生活為人們的成功追求提供了更多的可能，禮儀智慧的閱讀可以使用心生活的人們改變以往的活法，神態的莊重、舉止的灑脫、言談的誠懇幾乎成為智慧生活的符號。

禮儀的生活講究恰到好處，培根告訴我們：「全不講究禮儀就等於教別人也不要講究禮儀，結果是使人對於自己減少尊敬之心⋯⋯但是喋喋不休地講禮節，並且把禮節推崇到比月亮還高的地位，那不但是繁冗可厭，並且要減少旁人對言者的信任了。」換言之，禮儀不能流於形式上的作秀或虛偽，社交、涉外、服務、商務、形象等構成禮儀時空的不同層面，每一層面的發揮都講求真誠的藝術流露。

中華民族以「禮儀之邦」著稱於世，燦爛的文化藝術、文明禮俗源遠流長，應該說，禮儀的智慧從未被輕視，行動上出格、表情上失態、言辭上失誤素來被認為會極大地降低生活的品味，「人無禮則不德，事無禮則不成，國無禮則不寧」，荀子言之有理。但「過猶不及」的道理對於禮儀同樣適用，因為智慧的內容應該超越形式，禮儀的文化思辨不能缺失大我的定位，令我們產生好感的人們的禮儀之舉是自然而然發生的，似乎風吹柳笛，刻板而乏味的禮儀往往大可不必，因為禮儀並非人生的目的，它是尊重他人並獲得自我尊重的重要方式，如果把鞠躬、握手、點頭、擁抱等視為每日的必修課，將遠離禮儀的真諦。

人們對禮儀的關注有時候表現在對禮儀培訓的接受或禮儀圖書的閱讀上，接受培訓者或閱讀者獲得禮儀道理和技術，將內在思考與實用技術加以必要的整合。其間值得注意之處在於，理論框架的展開與具體操作之間畢竟有著一定的距離，而生活需要的實在的智慧是以容易嘗試的技巧給涉世之初者提供行動的指南，以照亮前方的迷惘，為日常生活增加交流的藝術。特別是不同文化的碰撞會帶來禮儀層面的變遷，交往的程式化以及溝通的格式化都有待於對更深層面的禮儀解讀。

似乎可以從禮儀的角度窺視交往智慧的發展，當代人仍然具有禮儀的情結，至少在感覺的深層渴望得到各種方式的尊重。這種情結當然已經踰越「子曰詩云」的過去，不再沉浸於對風雅的附庸，即禮儀的模式發生了變化，因為智慧有了時尚的面孔，因為文化是不可能斷流的。由於人們對禮儀的理解日益多元化，禮儀的操作也就只能更新和發展，禮儀的靈魂在於恰如其分，禮儀的知識層面當然不能缺少對不同民族的風俗、禮儀和禁忌的充分了解，但這種不可或缺的常識只是禮儀產生價值的前提，禮儀的

智慧也是「功夫在詩外」。

　　人們對禮儀的注重不是對他者的強求，更多的是提升自身的交往藝術，品味何種禮儀的表達方式能夠更好地得到認可。禮儀對於現代文明和社會發展的重要，在於其使當代人逐漸認清自身的角色，拓寬與他人溝通的管道，盡可能避免不必要的摩擦，獲得提升自我的確切路徑，從而更大程度地提高生活的品質。更為重要的是，禮儀的生活告訴我們，命運大都是在剎那之間改變的。

5 守護良知的底線

　　很多事實證明，人們似乎無所不吃，天上飛的，地上跑的，水裡游的都可以豐富飲食文化。日本人喜歡吃生魚片，將去鱗的活魚綁在冰柱上，任飛刀在魚身馳騁，魚的尾巴痛苦地亂擺；還有更「鮮嫩」的吃法，用白酒使魚沉醉，在其一開一合的嘴上插著一朵鮮花，服務生對魚睜著一雙淚眼的詮釋是：魚在招呼大家品嚐。一位頗懂美食且體態豐盈的導演跟我津津樂道過猴腦宴，據說生飲猴子的腦漿能增智健腦，當酒足飯飽時，宴會的主辦者會邀客人去挑關在後廚房籠子裡的活猴，頗通人性的猴子驚叫著，哆嗦著往後退，到迫不得已的時候，牠們公然推出一個同類，要其替眾猴受死，慘叫之聲不絕於耳，當人們把猴子牽出籠子時，眾猴吼著撲來，演繹一種生離死別的悲壯！美食家不顧猴子的悲壯，將其牽到餐桌，餐桌中心是一個圓洞，正好讓猴子的腦袋伸上來。人們用一副鐵枷勒住猴子的脖子，繼而用錘子敲碎牠的腦袋，一勺勺慢慢品嚐牠的腦漿，全然不聞猴子的慘叫聲。

　　我不知道這樣的飲食何以呈現健康的美感，在酒足飯飽的時候，殘忍的虐殺一隻猴子有什麼趣味？難以令人理解，在豐盛的晚宴上，生猛海鮮往往只是被淺嚐輒止，其餘的悉數倒掉，很多菜餚甚至還沒來得及品嚐；有的動物被廚師烹煮之後，很快又被服務生扔掉，這樣的場景恐怕多次重複。

　　有一種「飛魚」，這種長翅膀的魚是當地特產，味道十分鮮美，飯館老闆介紹，多年前這種魚的貨源豐富，在河裡用水舀子就能撈不少，於是河邊開滿了飯館，菜量大得驚人，客人沒有那樣的食量，剩菜悉數倒掉，「飛魚」的產量逐漸降低，以致後來

用漁網才能夠捕到小魚，最終，「飛魚」變成了稀有之物。

曾讀過一則讓人難忘的故事：

多年前的一個冬天，一位屠夫買回了一頭驢，盤算著等到春節時殺驢賣肉賺錢，春節臨近了，他拎著一把尖刀朝驢走去，驢叫著四處躲藏，屠夫持刀追趕，只聽驢「嗷」的一聲長叫，隨後流出兩行清淚。屠夫的家禽、家畜一陣亂叫，狗甚至撲上來咬屠夫，這時候，意想不到的事情發生了：驢生孩子了！屠夫感到茫然，他的妻子見狀，趕緊為驢準備上好的草料，殺驢的屠刀在地上插著，再也沒拔出來；他已經十年沒吃肉了。

我雖無法確認這個故事的真實性，卻感到襲人的血腥味，人們如何面對動物的生命是一個不容忽視的問題，這裡關乎人類對自身良知的完善。

王陽明的門人在夜間捉到竊賊，對竊賊滔滔不絕地講述良知的道理，竊賊感到非常無聊：「請告訴我，我的良知在哪裡？」當時正值大熱天，他叫竊賊脫光上身的衣服，接著淡淡地說道：「還是覺得熱吧，為什麼不把褲子脫掉？」竊賊這時候有些猶豫：「這⋯⋯似乎不太好吧！」他對竊賊大喝道：「這就是你的良知！」

良知是精神的霓裳，以平實的姿態讓人們過體面的生活，否則人們便是赤身裸體的。人類不能沒有良知，當對人類之外的生命淡漠時，人類的良知遭遇危機，任何人都不能對其他生命的消逝而感到漠然，尤其是當酒足飯飽的時候，人們應該找到享用自

由時間的健康方式，而不要沉浸在低級趣味中，與其在低級趣味中日漸乏味，不如以健康的方式領略生命的朝陽，守護必要的良知，乃人性完善的需要。

　　魯迅先生的《狂人日記》藝術地影射了封建的禮法制度，儘管不乏《資治通鑑》記載的「人吃人」的史實，這樣的史實不僅產生於殘暴的宮廷，也發生在「易子而食」的民間。但人怎麼能是饕餮？經過數千年的文明進化，人的涵養、品味和格調應該為其他動物所豔羨，但對果子狸等SARS病源的研究，使人們對熱愛品嚐野生動物的行為產生新的認識。報載某些醫院將胎盤以高價出賣，也並非亙古奇談，當這樣的事情在我們身邊悄然發生，對良知的審視就變得十分必要，只要人類不願回到刀耕火種、衣不蔽體的生活世界，如何昇華自我的良知，思考與其他生物共同存在的方式，就成為其超越的精神支點。

6 破除選擇的困惑

人生是走進不同門庭的過程，前方或近或遠之處豎立著嚴肅、莊重的門，它是無形的，走過去可能一躍龍門，走不過去可以繞過門獨闢蹊徑，門外的世界熱鬧非凡。人對門的選擇構成挑戰，不同的門內風景各異，人對門的走進或走出大抵可以用這樣的哲學話語理解：「人不能一次踏進兩條河流」抑或「人不能兩次踏進同一條河流」。河流及閘都是人生道路的表徵，門內外的世界差別顯著。人們好奇門內的世界以及門與門的差別，有時費盡周折亦不能踏進某扇門，門對人生道路的走向往往具有重要的象徵意義。

挑戰命運之門，是強者超越自我的不俗之舉，但門之挑戰難度不可低估，人生無處無門，門外大都是路，人們應該打開適合自己的門，走上屬於自己的路，「三百六十行，行行出狀元」，對門的選擇務必慎重。有的人終其一生也沒有打開一扇門，因為走進自己之後不能走出自己，當某扇門的意義不值得固守時，不必一條道走到黑，應放開眼界正視前方的路，「一沙一世界，一花一天堂」。無論道路如何坎坷？只要具備超越的勇氣和踏實的步履，前方就充滿希望，在這個意義上，人生的差異反映了人們挑戰命運之門的勇氣和能力的差異。

前方的門意味著生活目標，沒有目標的人生是虛度的，沒有壓力就沒有動力，生活不是一池不動的秋水，一切都求變，對門的挑戰處於變動中，在發展與滿足、奮鬥與安逸、創新與重複之間，生活因為努力而得到相應改變。對目標的設定、追求與靠近不能一蹴而就，人們要在不斷的跋涉中推開一扇扇門，感受不同的生命亮點。我們經常為人們未能走進某扇門而嘆惋，覺得他們

　　人生就是走進不同門庭的過程，門外的世界熱鬧非凡。人對門的選擇構成挑戰，不同的門內風景各異，門外的世界也是差別顯著。世界上不缺少門，卻缺少發現門的眼睛，缺乏推開門的勇氣和力量。

　　挑戰命運之門，是強者超越自我的不俗之舉，但門之挑戰難度不可低估，對門的選擇務必慎重。有的人終其一生也沒有打開一扇門，因為走進去之後就不能再進，人們應該打開適合自己的門，走上屬於自己的路。

可憐，拋卻阻礙成功的客觀因素之外，可憐之人往往也很可氣，其失誤往往由於偏見、固執或怠惰。讓可憐之人擺脫困境，難；讓可憐之人走上美好的生活道路，尤其難；讓可憐之人變成可愛之人，難於上青天。

很多考試被人們理解為各扇門，經過激烈的競爭和頗具歷史性的演繹，作育了眾多金榜題名的人生喜劇，也造就了眾多名落孫山的人生悲劇，千軍萬馬擠獨木橋的場面與試圖在方寸之地萌生千百棵大樹的態勢令人深思，門就在前方。我們的父輩是值得同情的，成長發育時遇到自然災害，求學時趕上上山下鄉，回城時工作難遂心願，子女上學需籌措學費……他們在社會大學畢業，大多數人沒有接受過高等教育，於是把希望寄託在孩子身上，但門並非一扇，「條條大路通羅馬」，是金子總會發光的。代溝往往是從對門的理解的差異中產生的，人們同時站在社會舞台上，角色不能相同，長輩們對門的理解出於以往的生活經驗，且不說這種經驗是否適合發展中的現實？由長輩選擇的人生儘管成功卻未必出於孩子所願，也難說是幸福的，很多父母苦口婆心地勸說往往適得其反，這時候，對門的審視十分重要。

當某扇門悄然關閉的時候，另一扇門悄然打開，世上不缺少門，卻缺少發現門的眼睛，缺乏推動門的勇氣和力量。能不能找到門，考驗著人的本領與意志，強者從逆境中找回自信，弱者從自卑中丟失自己，人要承擔生活帶來的困苦與磨難，也要享受生活賜予的快樂與幸福。「瓜熟蒂落，水到渠成」，對門的跨越依靠踏實穩健的步伐，摸不到入門的途徑，原因可能是閉門造車，製造符合歷史前進規律的大車，必須深入實際，測量好車轍的尺寸，然後開車進門，進門者的特徵由踏實進取的汗水和感知生活的智慧凝結而成。

　　人生燈塔因人而異，對門的選擇展現不同的品味，品味展現在目標的細節中，燕雀和鴻鵠出發的原點不同，最終成就了兩種生命。真正的目標是刻骨銘心的，睡覺和起床時會自然地想起，越王勾踐「臥薪嚐膽」是隨時的，他的感覺融在細節之中，在最後一次舔嚐苦膽的時刻，勾踐一定是快樂的，他嚐到了苦膽的甜味。挑戰命運之門，應該以滴水穿石的意志力走好前方的每一步，從容地踏上美好的前程。

7 高貴的「背叛」

　　投靠是背叛他人的開始，墮落是背叛自己的開始，這樣的開始一度帶有不同程度的幸福感。人們可能會在這種幸福中莫名其妙地認為，自己一定能夠平安地回歸，就如同最初離開的時候一樣，卻沒有意識到人格的背叛可能使自己被放逐到渴望世界的邊緣。因此，人們在墮落之後總是或多或少地被恐懼籠罩，這種恐懼源於對曾經的生活的戀戀不捨。以破解高智商犯罪為題材的小說及同名電視劇《背叛》中一幕幕瀰漫著血腥的商戰中，背叛與忠誠的激烈廝殺帶來久違的良知與坦然的期待，夾雜著沉重的靈魂追問，似乎涉及類似問題的回答。

　　生活並不如同夢境般美好，在面對現實問題的時候，智慧的力量成為生存的資本，「就是從地上拔根草，也得憑點實力」。《背叛》的主人翁宋一坤不缺少這種實力，也不缺少在複雜的生活中穿梭的勇氣，為了避免可能遭遇的麻煩，他把自己「策劃」進監獄，出獄後邏輯縝密地展開財富的迅速累積，默默張揚「背叛」的靈魂。一次偶然的相遇改變了事件的進程，女記者夏英傑與之一見鍾情，後來相伴遠走天涯歷盡波折，脈脈含情地體驗不老的傳說，領悟愛、激情以及生命的責任，背叛隨之開始。

　　生活在競爭時代，我們必須保持卓然的獨立，清楚有所獲得的同時所要支付的機會成本，特別是心理承受的限度，這是我們在事業上能走多遠的文化基礎。超過了這個限度，生活難以坦然，缺少坦然的生活是否值得過？的確是個不小的問題，在這個意義上，遠離生活世界的渴望往往不真實。夏英傑洞悉內幕之後幡然醒悟，用真情規勸深愛的人懸崖勒馬，放棄已經獲得的一切和未來可能的美好，以重歸心靈的寧靜與坦然，此舉讓人們萌生

　　誠然，物質的豐盈是快樂與幸福的前提，但我們往往發現，有時候物質充足了，快樂和幸福卻沒有與日俱增，原因在於我們在追求物質的同時失去了另一個前提：精神的同步豐盈。

　　當物質填滿有限的空間，精神漸漸流離失所的時候，我們可能發現：自己拚盡全力尋找的東西不過是最容易被捨棄的身外物罷了。

某種尊敬，儘管這種尊敬可以被理解為對女人錯誤的原諒，但正是這種尊敬使人生意義的呈現成為可能。

人當然是智慧的存在，但智慧的人與不智慧的人對應的不是狼與羊，因為同情與關懷是人性不可或缺的內容。有位教授說，「我們的人生世界其實並不是處在動物世界與神的世界中間，而是離神的世界更近」，因為「就我們的人生意義而言，我們都希望過一種好的生活，都希望有一個善的人生」。

看來，「好的生活」與「善的人生」是獲得「人生意義」的前提，但「好」與「善」的標準卻因人而異。《背叛》的主人翁用智慧懷抱希望，卻忽視了人性所能夠承受的限度，為此付出了極為沉重的代價，以悲劇結束人生。什麼是智慧？什麼是無智慧？這樣的問題似乎經不起追問，面對高智商的謀略引起的背叛，我們感覺生活的真實，智慧也是有侷限的，人不能無視坦然，不能放棄「好」與「善」的一般尺度。

《背叛》面對索然無味的現實，關注生命存在，以悲劇的力量避免「to be or not to be」的問題，期待的感覺瀰漫在生活鏡頭裡，物質的豐盈是快樂與幸福的前提，為什麼有時候物質豐盈了，快樂和幸福卻沒有與日俱增，原因在於失去了另一個前提：精神的同步豐盈。在平易質樸的生活中，期待與努力是獲得幸福的重要方式，其本身漸漸成為幸福的內容，當期待的表面得到滿足，對深入的事情的把握竟然成為奢望，原因在於背叛了以往的初衷，使原本可能獲得的幸福在表面體驗中黯淡。生活是開放互動的，只有坦然地思考並得出結論，才能感到良知的溫暖。

智商與情商應該依附於彼此，智商不足導致不智之舉，情商不足看似無關緊要，實則可能導致更沉重的不智之舉，因為前者只關乎為人的技巧，後者則關乎做人的品格，從未來著眼，品格

重於技巧。夏英傑與宋一坤都富有高智商，也不乏大情商，夏對宋的背叛以及宋對自己的背叛都呈現出高貴的品格，與長遠的人生境界相比，再高的智商也可能只是小聰明，難以擔綱主角。

　　所以，人們首先要重視情感的價值，衡量人性的承受能力，獲得穩步行走於人世間的力量。

8 人貴有自知之明

　　一般老百姓說話實在，一個人得知道自己能吃幾碗飯，但在生活中客觀地評價自己並不容易。如果認為自己的評價很客觀，那也只能是相對客觀，對於大多數人來說，心目中的自己總是比別人強，不把自己當回事兒的人當然也有，比如絕望的人群，他們張揚自卑，評價同樣不客觀。做到客觀地評價很難，但又非常重要，所以，人們以「自知之明」為貴，在言談交往的時候，總要思考事情的分量，以及自己承受事情的能力。

　　人的聰明不為羊所具備，儘管羊的生命力十分頑強，每日補充必要的食物，在廣闊的草原上展示靈動之姿，但羊不了解自己的處境。曾讀到一則關於羊之命運的感嘆文字，讀來頗受啟發：羊不乏生活情趣，牠們的犄角對頂著，用盡全力而不傷害對方，其情狀讓人關愛垂憐，牠們的溫柔、善良可以用溫順來概括，從平原、山地到都市邊緣，多處可見移動的羊群，牧羊人甚至對草木衰萎視而不見，望著山羊高唱致富之歌。牧羊人與羊交朋友，當然有自己的考慮，除了流行歌曲中牧羊的小姐和願意化作小羊的年輕人之外，人類更讚賞羊捨身的勇氣，之所以為羊提供生存的空間，因為可以索取其毛、皮和肉，繼而換取金錢，這大概是人類不願承認的事實，涮羊肉、穿羊絨、踏羊皮……羊沒有老虎鋒利的齒爪，沒有獵豹風馳電掣的速度，沒有犀牛的力量和龐大的身軀，但牠們有人類做朋友，似乎並不孤獨。

　　與聰明的人類交朋友，羊的優勢煙消雲散，據說在內蒙古草原上，羊一度被視為使草原生態惡化的罪魁禍首，牠們中的60萬頭於是走向了死亡。其實，人類與羊合作，並不一定為羊提供廣闊的草原，原因是羊可能破壞環境。圈養被很多人視為重要的致

富方式，羊不再需要奔跑，人類在相對準確的時間科學地提供食物，牠們可以在飽食之後大睡，然後奉獻自己給牠們的朋友；人類不客氣，他們會笑納朋友的善意，補養自己的身體，對於這樣的友情，羊沒有自知之明。在居住的都市，人們認識到羊很夠意思，於是用各種方式擴充羊的數量，與羊有關的餐館、酒樓或小吃部四處開花，在羊「咩咩」的叫聲中，人們聽見朋友的歌謠，在面無表情的宰羊過程中，人們思考如何烹製羊肉。羊無處求救，因為帶著佯狂表情和迷離目光的人類正是牠們的朋友——這樣的朋友終歸要吃掉牠們。

聰明人不乏自知之明，他們知道如何裝飾自己，用羊皮把自己妝點得十分可愛，但聰明人的自知之明難道真的是自知之明？無盡地膨脹自己，難道真的萬無一失？多年前，一位大眾作家很有架勢地發問：「你以為你是誰？」如果阿Q在世，可能會反問道：「你以為你是阿Q嗎？」此中涉及的仍是如何評價自己的問題，人有時候真的缺乏自知之明。但人們懂得揚長避短，懂得趨利避害，在處世交際的過程中，有的人常用的方式就是安排替罪羊，以展示自身的純潔和完美。

在這個意義上，羊似乎也有自知之明，牠們以忘我的方式了解蔚藍星球上的人類究竟有怎樣的德性，牠們一定感到悲哀，因為人類讓牠們失望，生態被破壞之後，在人類交易的詭譎目光中，羊變成流通的商品，所以羊感到悲哀。人感到的悲哀是對羊的悲哀感到悲哀，或曰人類對自己的悲哀，儘管有的人無視這種悲哀。

有自知之明的聰明人知道，萬萬不能做替罪羊，使自己置於對方的刀俎之上，但這樣的聰明十分有限，因為可能遭遇更聰明的人，使其自知之明大打折扣。殊不知，立身與善學是自知的前

提，在勤學與苦修中明白自己還有很多不知道的事情，此後在人群中「立德」，繼而在生活世界中「立言」，才能真正了解自己能吃幾碗飯，人們畢竟不都是內蒙古草原上躍馬揚鞭的移民的精神後裔，更何況，草原後裔早已深諳天人合一的生態法則了。人應該承認自己的能力，同時看清自己的不足之處，確立自身的人格魅力，以自知的態度對社會發展有所作為，這是人生必有的素質，也是時代認可的成功資本。

9 遊戲的局內局外

一個暱稱「藍眼睛」的17歲女孩在網上說，「我們這代沒有希望了」，讓我震驚了好長一段時間。我理由充足地告訴她希望的必然與希望之所在，她拋給我一個相反的答案，答案的內容非常獨特，不做解釋，只做結論，說「再見」的時候又敲出幾個字「遊戲，886」，權且作為最後的說明。她在這裡指的「遊戲」無疑是雙關語，以娛樂的心態或方式改變人們的娛樂空間，在大眾文化格局中嶄露頭角。886就是bye bye。

我對遊戲不熱中大概是受我爺爺的影響，在我的童年時代，住在隔壁的霍姓人家曾經租房開電玩店，爺爺經常指著進進出出的青少年們說：「瞧那些個不三不四的！」小時候的我捧著書本，很堅定地重複著：「瞧那些個不三不四的！」後來才知道這種判斷未必全面，進出電玩店的人們之中固然有遊手好閒之徒，但也有很多身心健康的人們到這裡休閒。接受遊戲的人們著實不少，不玩遊戲的我無法與同學就遊戲內容互相交流，放學鈴聲還沒響，教室裡銅幣的碰撞聲已此起彼伏，大家都忙著去玩遊戲。為了能與他們打交道，我曾靦腆地拿錢給小我三歲的堂妹，讓她替我去買些代幣，放學後與同學儼然行家地邁進電玩店，幾分鐘之後，只能看別人玩了，嘗試幾次之後，發覺自己不是玩遊戲的材料，又不大願意讓別人瞧見我笨手笨腳的窘相，於是就不玩了。

待走進象牙塔，發覺很多同學常因遊戲樂不思蜀，我便聽到諸多爭論聲。他們關注解密遊戲的小冊子，然後在螢幕上對號入座，而且樂此不疲，亦有屢遭「掛號」之苦者，面對苦口婆心的規勸無動於衷。他們絕對是遊戲發燒友，我是他們遊戲的局外

人，這種境況是值得深思的。「藍眼睛」代表一種聲音，似乎並不空洞，拋開遊戲可能玩物喪志的問題不談，遊戲對人們休閒生活還是有益處的，那是疲勞之後的放鬆，更何況，很多遊戲內容對生活具有一定的啟迪作用，遊戲並非全然不堪或浪費時間的軟體。

　　遊戲是人們放鬆身心的方式，但其內容確有高雅與低俗之別，面對趣味不高雅的遊戲，遊戲者應該潔身自好，長此以往沉浸其中，將會遭遇生活領域的問題。從旁觀者的角度看，提高遊戲者的智商指數至關重要，體驗遊戲時空的同時，應該辨別遊戲的品質和遊戲夥伴的素質感覺，誠如《聖經》的告誡：「與充滿智慧的人往來，一定能獲得益處；與愚昧的人做伴，必將受到連累。」選擇遊戲的夥伴與確定遊戲的時限十分重要，在相同時間內，不同的工作品質和生活態度將不同的人們加以必要的區分，繼而呈現生活的基本尺度。

　　馬克思說過：「一個人的發展取決於和他直接或間接進行交往的其他一切人的發展。」遊戲的局內局外是人們應該審視的兩種環境，在局內應該清醒地面對周遭的變化，在局外應該讀懂局內的道理並把握其對人生有益的啟示。

　　人們置身遊戲的世界，往往能夠真實地呈現個性特徵，即從娛樂中認識個體的本色。娛樂可以讓生活增添創意，在認知局內與局外的遊戲中把世界個人化，同時把個人世界化，閉門造車和車行天下只有一步之遙，遊戲有益於人們的思考訓練，思維僵化是人們閉門造車的重要原因，在汲取有益經驗的基礎上有所創意，才能擁有正確的理念。我們在生活中當然不能秉持遊戲的心態，為人處世都應該認真，但對亂如麻的無稽瑣事也不妨遊戲之，「人生如戲」說的就是這個道理，其中並無對遊戲人生的態

度表示同意的意思。

　　品讀遊戲的局內局外可知，人生的活法多種多樣，只要你對於人生有明確的計畫，並堅守著自己人生的走向，繼而持之以恆，其餘的活法當然不是也不可能是單向度的。我們在很多值得質疑的事物中應該看到「是」的因素，在對「是」的因素的肯定中揚棄「否」的因素，對生活做出辯證的理解。更何況，在這個日益開放連通的世界裡，你只要想精彩，無論在哪裡，生活大都不會太蒼白。

10 解鈴還需繫鈴人

男人聊天有時候愛談論女人，女人聊天也愛談論男人，於是聊出了一句名言：「男人有錢就變壞，女人變壞就有錢。」其實，錢跟男人女人的好壞不構成比例關係，男人要想變壞，沒錢有沒錢的壞法，女人變壞可能會有錢，但也不乏有人並非為了錢去做壞事。其實誰都明白，這裡的「變壞」指愛情的流失，「解鈴還需繫鈴人」，婚姻戀愛家庭的美滿在於傾心的付出。「梁祝」之所以感人，因為故事裡死的是人，活著的是淒美的浪漫；而在日益失去激情的圍城之中，死的往往是浪漫，活著的是沒有時間浪漫的人。

圍城之中的浪漫當屬現實的精品，是冷靜之後的沉澱，是人生幸福的藝術境界。遺憾的是，炒作時代的愛情好像轉眼之間就在暢銷書和流行劇中普及了，沒有什麼令人由衷感動的情景，比如守著螢光幕寄託相思，比如出息到寫情書都要找槍手……這讓我想起一位記者講過的故事：

那年，他到大西北的油田去採訪一位勞工模範，勞工模範的綽號叫「小不點」，他能成為勞工模範，原因在於比「大個子」還能幹，在採訪過程中，記者感覺「小不點」人緣好，愛乾淨，有空時愛看書。熟識之後的一天，他們在宿舍裡閒談起來，談著談著，「小不點」突然輕聲地問記者：「記者大哥，問你一點事行嗎？」他羞紅著臉，「你說，這情……情書怎麼寫比較好？」說著，他從床底下拖出一個大箱子，裡面是滿滿一箱子沒寄出的信，「我寫了快三年，幾乎每天都在寫。」

她是他家鄉的一位小姐，記者說：「你應該把信寄出去，向

　　禪曰：「修百年方可同舟，修千年才能共枕。」深情的愛戀與一世的眷顧總是相輔相成的，找到了人生的另一半，就是一生對她呵護的承諾，這承諾分解到每一個平凡的日子中，將成為矚目的對象和誓言的明證。

　　守護愛情如同培育一棵植物，需要長年累月的精心呵護和無私的關照，這些關照和呵護就是一生的相互攙扶，也是真正的浪漫之所在。

她表白啊！」

「但我不知道這是不是愛情？人都說愛情是將心換心，心心相印，她要我的心，我完全能給她，良心，絕對是紅的；她要我的錢，那更是沒的說，但我只是個大西北的石油工人啊！這塊土地需要我，我不能天天在家陪她，也就是不能把整個人都給她，這，還能算愛情嗎？」「小不點」說。

看著「小不點」質樸的眼神，記者淚珠滑落，「小不點，你說的那些都是愛情，在心裡愛了三年沒變，這不是愛情是什麼？這要不算愛情，世界上就沒有愛情了！」

「小不點」如今可能是六十來歲的老人了，不知道他現在的生活怎麼樣，如果他當時寄出了自己的情書，回饋的應該是愛情。如今在都市的西餐廳、舞廳、時裝店裡，你能輕易地找到這種浪漫嗎？這是真正的浪漫，那一箱子情書何其珍貴。

對於難以從一而終的人來說，愛一天容易，愛一生就很難，可是人們又非常在意愛情的品質，正如幸福的妻子永遠保持戀愛的感覺，五十年前，她是西施；五十年後，她依然是西施。在有情人的心目中，沒有比情意更貴重的事物了，因為始終不渝，無論歲月在美人的臉上刻了多少印痕，少年的心卻依然不改，他眼裡的西施只有一個，那裡有隨歲月成長的情結，這個情結無與倫比。

據說歷史上的西施也有缺點，但在范蠡的眼中，沒有比西施更美的人了，或者說他只愛兩個人，一個是西施，另一個同樣是西施。所以，東施不必效顰，在愛你的人眼中，你比西施美。「我能想到最浪漫的事，就是和你一起慢慢變老」，每一個這樣的浪漫都刻骨銘心，所以，真正荒唐的人，在晚年是非常孤苦

的，欠的情債太多，注定要付出代價，當走不動的時候，誰也不會把他當成「手心裡的寶」，躺在養老院的孤寂歲月中，生活的滋味跟那些互相攙扶的老人比起來，怕是要差很多。

　　禪曰：「修百年方可同舟，修千年才能共枕。」當生活節奏日益緊張的時候，真正的兩人世界一天最多幾個小時，「曾經滄海難為水，除卻巫山不是雲」，只要你不是花花公子，對曾經跟自己有過夫妻之緣的人，都有一種難以割捨的情愫，任你怎樣灑脫，也改變不了斯時斯地的某種心情。深情的愛戀與一世的眷顧總是相輔相成的，找到了人生的另一半，就是一生對她呵護的承諾，這承諾分解到每一個平凡的日子中，將成為矚目的對象和誓言的明證，單純的感覺不能使生活富足，也同樣不能使兩個人幸福。

11 堅守純真的力量

　　純真可以被視作與生俱來的品格，在與世俗交鋒的過程中，這種毫不設防的狀態逐漸減少。當人們因為純真而遭受損失的時候，往往得到「不成熟」類似的評價，因為人際關係並不因為人們與生俱來的純真而減少任何複雜的係數。當人們經過歲月的歷練而到達成熟的頂峰時，亦有率真之舉，他們在認可純真的過程中似乎找回了自己的童年，直至將純真鑄成一種力量，因為「最珍貴的，並與世長存的絕對不是金錢和那些層出不窮的『令人心慌意亂的現代奢侈品』，甚至也不是看來堅固的建築物，雖然有些建築物在地球上矗立了幾千年」。

　　白樺的《苦悟》充溢著對純真力量的堅守，深情的文字不僅體認著對唯美的追求，而且滲透著沒有喪失良知的人們對心靈殘缺的痛恨。純淨秀美的女兒河流到了盡頭，女兒河畔的人們為了生存，把疼痛當課本；為了自尊，把哭泣當歌唱；為了壯膽，把哀叫當吶喊。小說的主人翁經歷了在瓊雅發生的一連串生活變遷，面對物質生活水準提高的同時，精神方面也處於不應存在的狀態；五星級的普瑞瑪娜酒店董事長楊曉軍與年齡相仿的人一樣，走過上山下鄉的道路，但他看準時機，以看似具體的方式找到獲取資本的途徑，在美國取得合法身分之後，回來投資，其間呈現出精神困惑和價值衝突。

　　在競爭日益激烈的時代，不甘平凡的人們為了成就自我，在欲望逐漸得到滿足的過程中奮鬥、奮鬥，甚至永無止境地追求，有的人成功了，有的人感到不平衡，他們思考並看清楚了：「有權的人就像大牯牛，其實他們是很弱的，就看你能不能在他們的鼻子上穿根繩子。」為此，他們放棄了自尊、忘記了疼痛，最後

滿足了自己的虛榮，恰恰是因為尋找自我而最終失去人格，不甘平凡卻最終平庸甚至墮落，著實令人痛心，儘管這不是追求者共同的命運。

據說，這個世界是男人的世界，以男人為中心的社會定位存在了幾千年。這個社會不要求男人完美，男人需要滄桑，但這個社會要求女人完美。而「金錢如此萬能，它不僅可以買到世間萬物，而且還可以醫治心靈和肉體的羞辱、疼痛和創傷」。如此一來，女人的完美可以被一種物質的力量改變，女人不再完美，甚至連相對完美都不是，因為這個世界上有些不缺錢的人可能缺少人性的美好。作者「坐而眺望這一切」，眺望一切沒有止境的醜陋和痛苦，作者「沉默」了，讀者要在這種「沉默」中讀出更深的苦悟，找回人性中不能缺失的美好，逐漸領悟人生的境況，衝破金錢構築的牢籠，大聲地呼喊：「一個人的靈魂和肉體應該屬於他自己！這是幾百年來浩如煙海的哲人在他們的論述中高舉過一千遍一萬遍的旗幟！」

這個世界不缺少力量，暴力躍躍欲試地取代感動因而具有難以缺席的意義，真誠、善良、熱愛自然等一切本真的追求似乎欠缺力量，與此有關的悲劇時而發生。面對浮躁的腳步，面對鋼筋混凝土構築的都市，對純真的拯救往往換來更多內心的苦楚。即使在荒僻的漁村生活多年的逃離塵囂的書中人物面對金錢時也本能地不知所措，精神漸漸地流離失所，物質填滿有限的空間，心只有去流浪。這引發人們尋找失落的夢想，以防純真與永恆隱含種種複雜的人性沉入水底，好在人們對純真及永恆的熱愛之心沒有死亡，金錢或許可以改變一些人的生活歷程，繼而公布代價的分量，卻最終不能改變一條河流。

純真的品格可能煥發黃金般的力量，「冬天已經來了，春天

還會遠嗎？」春天花會開，儘管溫暖的春天來臨之時，依次開放的美好或不太美好的事物未必是自己心中的花朵，但花開的聲音無疑沁人心脾。

當我們充實地度過幾十個這樣的春天，衡量生命之輕與瓦罐之重，豁達地消解乏味和寂寞，讓暖流恣意流淌，沉浸在近乎天籟的包圍中，周圍可能有這樣的歌唱：為了男人和女人共同的事業而重返純真。這樣，在春天的空氣中感受青翠的味道時，我們可能會突然發覺，面對自然的勇氣其實並沒有走遠。

12 都市生活中的現實理想

　　乘火車回家的途中，遇到外出訪親的一家三口，父母對六歲的女兒百般疼愛，閒聊中得知我是哲學研究者，調皮的小女兒大聲地問道：「什麼是哲學啊？」她的母親認真地提醒我：「那就讓叔叔用寶寶能聽懂的語言告訴我們！」我說：「哲學就是告訴人們要有理想。」這當然不是一個準確的答案，但與一個六歲女孩的對話也不能從古希臘或春秋時代談起，而「有理想」確實是「愛智慧」的起點，它使人們自覺地提升當前的生活，繼而透過對理念的踐履使現實得以改觀。孩子聽後大聲地重複：「就是要有理想！要有理想！」

　　理想與人生相伴始終，它綻放在童年閱讀事物的眼睛裡，凋落抑或超越在垂暮之年的背影中。童年的理想大都是關於職業的憧憬，渴望透過自己的努力和智慧成為理想的人，過上一種理想的生活，這種理想或者隨著自己的努力和智慧愈加堅定，或者在生活之舟的起伏中忽略了理想的指向而對現實疲於應付，以至於很多成年人認為對理想的堅守似乎只是一種天真。

　　曾與幾位朋友聚在一起，推杯換盞之時，一位擅長開玩笑者佯裝嚴肅地舉杯說：「我們們談談『理想』吧！」大家聽後一愣，繼而開懷大笑，可是在笑過之後的沉默中，每個人心中都不自覺地產生某種酒後注定要反思的感嘆，我們對理想的憧憬不知從何時開始有些陌生。

　　對繁忙的都市而言，理想之類的話題在很多疲憊的身心之中，好似海市蜃樓隱約可見，待定睛觀望時，往往模模糊糊。擯棄童年似乎幼稚的憧憬，驚覺理想的框架中失去很多純真的內容，在波濤的起伏中，生活之舟可能忽略了本來目的。生活中大

概沒有誰甘於平凡，但平凡是大多數人的命運。平凡並不可怕，可怕的是沒有去努力超越平凡，其關鍵在於能否調適理想的實現方式而踏實地朝前走。理想是一種輪廓，需要透過歲月的素描加以定型，分別其實不是白日夢，在於理想的實踐主體是以解釋世界還是改變世界的方式來看待人生。

在對理想的實踐過程中，人們要擯棄瑣碎生活的侵擾。據說有個人頂著瓦罐匆匆趕路，不料被人撞了，瓦罐摔得粉碎，瓦罐的主人逕自前行。有人對他說：「你的罐子打碎了，怎麼不回頭看一看？」瓦罐的主人回答：「瓦罐已經碎了，回頭看也沒用，不如不看。」在人生的旅途中，不如意的「破罐」似乎成為人生的常態。面對如此情景，除了必要的檢討之外，過分的自怨自艾於事無補。

托爾斯泰曾說：「人要在血水、鹼水、清水裡泡洗三次才能完善。」對於理想的實踐，不在於生活的繁忙程度，比如無謂的爭執、無聊的籠絡、無奈的奔波，而在於繁忙的品質，人的想像力超越而執著於存在，「忙」未必是理想的實踐，其不僅是時間概念，也是生活境界，時間對人們是平等的，不同主體的時間體認生命的不同品質，在決定「忙」之前，應該考慮「忙」的理由，品味「忙」的意義，衡量「忙」對他人的作用。

長久地堅持一種理想往往不是輕鬆的事情，父親在我很小的時候就告誡我：要做有益於社會的令人尊重的人。在認同這種理想境界之後，我一直在努力，漸漸深知理想的體認深度和廣度與成熟的程度息息相關。為了使理想成為現實，我們必須忘記世界上還有「空話」這種語體存在，特別是在遭遇坎坷之後，不要怨天尤人，對傷疤的顏色不可以淡然視之，更為重要的是，人的理想要與社會理想協調一致，至少我們不能因為實踐自己的理想而

妨礙他人對理想的實踐。

　　有時候，堅守理想在於增值自己的「乳酪」，美國暢銷書《誰動了我的乳酪》有數千萬冊的發行量，涉及生活中處理變化的智慧和方法。哼哼和唧唧辛勤找到的大量乳酪，在一段時間後，竟無來由地消失了，原因在於別人努力時，他們仍守在原地不動，在閒適中享用人生，直到消耗掉所有曾經的工作果實後，他們聲嘶力竭地呼喊：「誰動了我們的乳酪？」並不冗長的故事讓人輕鬆一笑，笑後的反思與沉默異常深刻。

13 偶像文化的失衡與變味

「青春偶像」似乎具有標準的範本：英俊的臉龐、高挑的身材、看起來陽光或憂鬱的抒情……這樣簡單的體貌標準或藝術感覺很容易與自身的實力產生某種對應，當征服過藝術高峰的名演員懊惱自己難以超越以往的水準時，「青春偶像」則比較瀟灑，他們未必十分在乎自己的實力水準，在很多時候，影視作品的票房和收視率與藝術水準未必吻合。「偶像」之所以受到崇拜，應該有很多因素，無法永存在生命河流中的青春只能是其中之一，而僅僅青春並不能承受突然而來的榮譽與掌聲，當沒有足夠文化涵養的「偶像」遭遇問題的時候，就轉而成為「問題偶像」，與健康的價值背道而馳，成為令人們擔憂的另類。

比如某些「問題偶像」的打架、逃稅、吸毒事件讓人感到悲哀，因為「偶像」會對公眾行為產生或多或少的影響，他們的文化生活方式可能對愛屋及烏的人們構成某種傷害。在這個意義上，「青春偶像」需要自我完善，因為明星的素質是綜合的，比如奧運冠軍，沒有冠軍背後的忍耐力、意志力、承受力等的鍛鍊，不可能成為令人矚目的冠軍，「偶像」的錘鍊也是全方位的過程。值得提及的是，「問題偶像」與明星自身的操守有關，另類的服飾、語言及行為構不成「偶像」的標榜，成熟的觀眾對待「偶像」應該保持理智，社會應該有健康的輿論導向，至少「問題底線」是不能踰越的，比如不能觸犯法律，不能違背社會公認的道德標準。

明星的走紅是產業運作的過程，涉及媒體的動機與社會效應，媒體應該對公眾負責，要在商業利益和社會責任中做出平衡，觀眾對明星要寬容和諒解，媒體則需要冷靜和客觀。「欲速

則不達」，「偶像」素質的提高依靠時間的緩衝，陳年老酒越品越有味道，「偶像」不是簡易的速食，吃完了無甚回味。「偶像」如果超值燃燒有限的能量，透過廣告的頻頻曝光賺取商品社會裡的流通媒介，難道還值得崇拜？一個基本的事實是：在「透支」星光的同時，星路逐漸暗淡，如果不能用嶄新的形象來證明什麼，還能走多遠？

經常聽到有關「帕帕垃圾」的事情，「帕帕」聽起來挺可愛的，讓人聯想到音樂家帕格尼尼，問題是「垃圾」構成某種職業的定位，不是一句好話，這裡指的是「狗仔隊」，專門跟在明星後面找隱私的人，偏偏有人站在觀眾的位置上樂此不疲。有一個觀點不能忽略，無論娛樂媒體如何渴望抓住觀眾的眼睛，也不能把成功建立在別人的厭惡上。

對於一些人來說，遭到「狗仔隊」的曝光會感到多日不快，傳媒只有引導觀眾追求高品質的生活方式，才能實現社會價值，這是無法忽略的輿論責任。可是某些「帕帕垃圾」與此背道而馳，更有某些明星對曝光表現出配合姿態，甚至為曝光指數降低而感到不舒服，殊不知，明星之所以受人注目，在於奉獻藝術的精華；記者之所以是無冕之王，在於說實話。一旦偏離各自的軌道，原有的光彩黯然失色，娛樂記者不要做「帕帕垃圾」，除非生活真的迫使你不得不做出這種選擇。明星和記者應為自己的言行負道德責任，記者為每個字或每個鏡頭負責，明星為自己的言行負責，觀眾為自己的評論負責，我們應該各就各位。

在我的本科時代，每天都可以看到學院大廳的背景板提示著學生的藝術創作要「追求卓越，創造完美」。儘管「卓越」與「完美」永遠在「追求」與「創造」中完成，但這種藝術立場至關重要，對於藝術創作者、表演者與傳播者來說，熱情及對熱情

微笑的心靈應該健康地舞蹈，獵奇與作秀無法得到長久的承認。

　　這是我在本科時代所獲得的最好的體會，我們應該傾聽帕格尼尼，而拒斥「帕帕垃圾」。當然，在帕格尼尼的抒情不為人們理解的時候，「帕帕垃圾」可能還會找到市場，但這樣的市場不可能永久繁盛，因為沒有人長久地沉浸在無聊之中，當人們隨著街上音樂噴泉的節奏翩然起舞，「帕帕垃圾」的事情便漸行漸遠。

14　真愛的表達藝術

　　曾在觀賞影片《開往春天的地鐵》，我沉浸在樸素的感動中，發現某種可貴的情愫沒有隨著生活的打磨而消失。生命中總有地下鐵開往春天，儘管地下鐵的旋律變得模糊不清，往事成為別人眼裡的風景，但真愛讓生命如同春花般燦爛，如飛蛾執著地奔向美麗的火焰。

　　據說有個日本人因裝修住宅而拆開牆壁，日式住宅的牆中間夾著木板，兩邊是泥土，裡面是空的，當他拆開牆壁時，發現一隻壁虎困在那裡——被一根從外面釘進去的釘子釘住了身體。他感到驚訝，因為釘子是十年前蓋房子時釘的，壁虎被困在牆壁裡整整十年了，牠靠什麼生存？不久，從另一端又爬出一隻壁虎，嘴裡含著食物。他被深深地感動了，愛情，是生死不渝的愛情！為了與被釘住的壁虎長相廝守，另一隻壁虎在這十年間裡與牠相濡以沫。從地下鐵的一端到另一端，大概只有這樣，天荒地老的誓言才有意義。

　　在充滿沒有夜晚的都市，愛情往往是華麗的，卻脆弱得如同飄蕩的浮萍，可能一切都在試驗階段，可能一切都以片段的方式表達，可是我覺得這似乎有些殘忍。任何青春都經不起蹉跎，而真愛是樸實無華的，愛到深處往往只是最平常的關心、照顧和叮嚀，像壁虎那樣的呵護，或許才是世界上最浪漫的事。我曾經常遇到一對戀人，在緊張繁忙的讀書生活中，他們每天都並肩走進圖書館，男孩粗壯而敦實，眼裡透出與這粗壯不成比例的柔情，在女孩的臉上能讀出幸福，他們長得都不漂亮，但他們對視的瞬

間，不能不讓人羨慕。間或能在室外的休息椅上看見他們，女孩在給男孩捶背，他們用這種方式打發無聊。只要一有空閒，女孩就會目不轉睛地看著男孩，男孩或者回應或者不回應，他們沒有過多的語言，但也沒有因沉默而壓抑青春，他們的愛情踏實地張揚，儘管不打擾大庭廣眾之中的動作和聲音，他們用眼睛交流著心靈，他們不是殘疾人，可是他們知道誇張的語言與樸實的生活根本兩回事。

人與人之間的情感有千奇百怪的表達方式，如果對愛情的魔力進行評估，在你儂我濃的時候就可以發問：在自認為是愛情的那片天地，如果抽離了世俗的虛榮、年少的遊戲、張揚的冒險，天還是不是那麼藍，草還是不是那麼綠？這時體驗平淡如水的狀態也好。就如同小時候，我們從自己的家鄉出發，找尋別人描述的繁華，直到漸漸迷失了方向，折路而返。殊不知，世上的事情往往是「一把鑰匙開一把鎖」，任何人都可以被比喻為一把鑰匙，誰都能打開一把鎖，只要你能夠找到那把鎖，而且有放「鑰匙」，結局大都會皆大歡喜。

隨著歲月的流逝，「鑰匙」在不斷地變化，「鎖」也在不斷地變化。我們經常在婚禮上祝福人們「百年好合」，如果人們真能迎來「金婚」以至「寶石婚」，那源於他們幾十年來磨合得非常到位；如果雙方不得不分手，並且重新尋找自己的伴侶，那只能說是另一把「鑰匙」對應著另一把「鎖」了。但對愛情的專一是很重要的，就如我們對手錶的態度，時間長了，洗洗油泥，調調螺絲，重新戴在手上的是一份心動的感覺，一份溫暖的回憶。那是在某個工作的場面或某個初戀的夜晚，當電子錶大行其道的時候，換的是電池，提供的是動力，當某個零件磨損的時候，往往是以新錶取而代之，舊錶如同荒野中的一株都市麥穗，不再有

昔日的情調。

　　弗羅姆曾感嘆：「愛是一種藝術，它需要知識和努力。」每把「鑰匙」都有提升自己的可能，在每次開「鎖」的時候都應該閃耀自信的光澤，應該記住那段經典的對白：「你以為我窮，不好看，就沒有感情嗎？我也有的！如果上帝賦予我財富和美貌，我一定要使你難以離開我，就像現在我難以離開你。上帝沒有這樣做，我們的精神是同等的，就如同你跟我走入墳墓時將同樣地站在上帝面前。」

　　任何人都有資格也有能力尋找到屬於自己美好的另一半，關鍵是具備「知識和努力」，並適應所處的社會環境，保持平實的藝術心境，在尋找的時候以耐心承載智慧的判斷，切莫錯失良緣。

15 擺脫欲望的誘惑

在我曾擔任助教的《哲學導論》課上，有一位學生在課堂討論中講述了愛斯基摩人捕殺北極熊的故事：

北極熊嗜血，愛斯基摩人將沾滿鮮血的利刃放在水中結冰，然後將一根根以利刃為柄的冰棒懸掛在北極熊經常出沒的地方。當北極熊嗅到冰棒中血的氣味時，便趕來用舌頭舔食美味，當舌頭被冰凍麻的時候，冰棒裡的利刃露了出來，這時的北極熊仍然不放棄美味，舌頭被利刃割破，牠已感覺不到疼痛，也不知道目前享用的竟是自己的血，當失血過多的時候，北極熊倒在了雪地上，愛斯基摩人幾乎不費吹灰之力就捕獲了龐然大物。

那位同學得出的結論是：欲望是自己最大的敵人，欲望的海洋之所以能淹沒一個人，固然有外界的強敵設置陷阱的因素，更重要的在於，漸漸失重的心靈越過了自身的限度，人們因為急於完成難以駕馭的事情而毀了自己。她講的這個故事和隨後得出的結論令人難忘。

欲望人皆有之，它源於人們對當前生活狀況的不滿，當周圍孕育著「毛蟲變蝴蝶」的飛躍時，我們總是感到「時不我待」，總要憑藉充沛的精力，確立人生的目標，在創造中品味收穫的甘甜。欲望與願望有時候只有一步之遙，願望之所以成為欲望，更多的在於無視他人實現願望的權利。人們在倉促的奔波與漂泊中置身於迷惘的泥淖，毫無察覺地將無價的青春隨手揮霍，忘記思考人生價值的根據，最終的結局往往是淹沒了生活的意義。所以，欲望的展開往往從對成功的憧憬中產生，而在失敗的悔恨中

　　欲望與願望有時候只有一步之遙，願望之所以成為欲望，在於人們忘記了思考人生的價值，在無謂的奔忙中淹沒了生活的意義。所以，欲望的展開往往從對成功的憧憬中產生，而在失敗的悔恨中結束。

　　如果我們被欲望所掌握，被渾渾噩噩的感覺和低級趣味控制了神經，生活就變成了一座永遠也走不出去的迷宮。

結束。

　　欲望大概以貪婪為特徵，民諺中的「十不足」：「整日奔忙只為饑，才得有食又思衣；將錢買下十綾羅，抬頭又嫌房屋低；蓋下高樓和大廈，又嫌出門沒馬騎；將錢買下高頭馬，又嫌前後沒跟隨；僕人雇了十來個，又嫌沒勢被人欺；將錢捐個知縣位，又嫌官小位置低；將錢捐個宰相位，又想南面去登基；不久南面登了基，又問哪是上天梯；上天梯兒未做下，閻王抬牌鬼來催；若非此人大限到，上到天上還嫌低。」可見，貪婪在最初並不稱其為貪婪，貪念都是一點一滴地匯聚的，欲望的纏繞令人做出很多並非符合自身願望的事情，或曰很多虛假繁榮之果並不是人生之樹渴望結的。對欲望的超越，意味著健康願望的確立，以「三省乎己」的為人處世方式托起生命的日出。

　　走進欲望羅網的人們慣於疲憊地奔波，但生活不僅僅是為了奔波，如果人生是長距離賽跑，那麼參賽者要在投入的同時保持一顆平常心。對欲望的超越要理智地關注奮進的溫度計，杜思妥耶夫斯基告訴人們，欲望絕非自由的代名詞，「當他們把自由視為是需要的增加並盡快滿足時，他們就會迷失了自己的本性，因為那樣他們就會產生出許多愚蠢無聊的願望、習慣和荒唐的空想。他們只是為了互相妒忌，為了縱欲和虛飾而活著」。
　　人們的需要的成長和欲望的滿足未必會帶來自由，當渾渾噩噩的感覺和低級趣味控制了他們的神經，佔有淪為失去意義的習慣性動作時，人們在動作之間的周而復始中不知疲憊地旋轉，放棄了高瞻遠矚的視野，直至突然感到：「如果沒有了幸福的感覺，我們還有什麼不可以失去？」這樣的感嘆往往為時已晚，只

有對欲望加以引導，才能轉化為希望的動力。

　　沉湎於欲望的人如同置身於溫水燒杯裡的青蛙，舒適地在杯中游來游去，起初並未意識到杯子正在慢慢加熱，直到察覺之時，已沒有力量跳出來了。為什麼青蛙在誤入沸騰的水杯時會機靈地跳出來，而在逐漸加熱的溫水中卻失去力氣？答案非常簡單：佔有的滿足令人們樂觀得忘記警惕，忘記了自己的承受力，忘記了在欲望的膨脹中往前走的每一步都是退兩步。當感覺水溫已經超過自己的承受力時，人們要學會及時抽身，讓欲望回歸願望的家園。

　　健康的願望激勵人們有尊嚴地活著，站要站得挺拔，坐要坐得高貴。在時代的大潮中奮鬥，人們要有意識地繞過欲望的陷阱，在風雨之後遙望彩虹。

16 責任感勝於雄辯

　　對任何事物的審視都可能是多角度的，「橫看成嶺側成峰，遠近高低各不同」，由於人們往往堅持某種結論，辯論就變得十分必要。辯論賽全面反映了辯論需要的邏輯、知識與合作，不乏觀賞與啟迪意義，辯論團隊在比賽過程前後表現的創造意識與配合能力令人難忘，但辯論過後的冷靜更令人讚賞。冷靜讓人發現相對多的真理，辯論並非純粹的哲學思辨，正如辯論「雙方的立場是由抽籤決定的」，它帶有相當程度的表演性質，因而具有一定的觀賞價值。辯手往往要蒐集資料，化思辨語言為口頭語言，深入淺出地支起論證的天空。

　　辯論展示了辯手的責任感和進取意識，展現了其思辨能力與口才，辯手應以邏輯領導理性，以嚴密要求技巧，辯證地闡釋觀點，讓觀眾感嘆具有邏輯的知識透過雄辯的方式展現其不可戰勝。雨果說：「機會是從來不守紀律的。」儘管每場辯論賽有輸有贏，但輸贏雙方並非代表真理與謬誤，伶牙俐齒、硝煙瀰漫的背後是青梅煮酒、同學少年。綿裡藏針、溫文爾雅、穩重大方都是辯論成功的需要，辯論整體的起承轉合，「以退為進、守柔處弱」，考驗辯手的團隊意識與話語藝術，辯論並非紙上談兵，通常對學術和做人都是有益的。

　　辯論賽可能呈現辯論團隊整體的實力差異與個體的發揮失常，但更為重要的是辯手言辭深處的社會責任感，冷靜的思辨過後，辯手當然走向另一個人生段落，承載其平淡與輝煌的是社會責任感。面對辯論的結果，沒有必要馬後炮，沒有必要沉默，也沒有必要不鹹不淡地說廢話，而應冷靜地審視言語背後的立場與思考問題的角度是否有更新的必要？辯手要用知識來證實自己，

在「和而不同」中「求同存異」。辯手們的挑戰力、創造力、說服力、適應力、克制力應加強聯合，在辯論中超越，在超越中感受哲學的力量。

真理在文明的撞擊中誕生，對方辯友的問題之所以產生，在於其言說自相矛盾，例證指鹿為馬，對事情所做判斷失衡，雙方辯駁的著力點在於事實和價值的邏輯關聯，事實如此與價值應當如此同樣值得重視。辯論中的以偏概全、偷換辯題都屬於暗藏機鋒的技巧，同時也是對方指責的要害，從價值層面論述事實的發展趨勢十分重要，往往能獲得觀眾的認同。嬰兒在學步的過程中摔了一跤，難道我們就不讓他走路嗎？睜開雙眼，即使是黑夜，也有看到星光的可能，如果我們蒙住雙眼，看到的將永遠是黑夜。

在激烈的辯論中，我們清楚地聽到哲學的聲音，任何支持觀點的理念都要經過發展觀與價值觀的雙重考量，以保證現實生存為第一價值原則，因為「歷史觀的第一個基本前提是有血有肉的人的現實生活」。「千里之行，始於足下」，審視問題的著眼點必須是具體的，只有在具體的審視與實踐中，我們才能夠看到希望在曙光中誕生，才能夠從前人無視現實生存的失敗中悟出成功的道理，才能夠抹平人們臉上困惑而焦慮的皺紋，才能夠在日常生活的潤澤中承擔起民族振興的重任，才不會忘記土地、陽光和母親。

社會責任感勝於雄辯，辯論的現場感至關重要，辯論的主導者可能表現平平，其對其他辯手的主導卻不可或缺。在某種意義上，月亮反射的確實是太陽的光明，蘇格拉底說：「真正高明的人，是能夠借助別人的智慧使自己不受蒙蔽的人。」辯論提供的啟迪空間耐人尋味，在雙方相互啟迪的過程中，人們得以把握知

識的力量與思辨的智慧，不學無術、胸無點墨、驕狂不羈的人難以展示理性的魅力，只有在辯論的前後智慧地承擔文化使命與社會責任，才能提煉人生。

辯論的表演無論多麼精彩，都建立在智慧的文化使命與社會責任的基礎上，缺乏責任意識的話語交鋒沒有勝利可言，作家劉墉說：「人生的興衰榮辱、用舍行藏，都是點滴在心的滋味。處世的爾虞我詐、欲擒故縱，都是妙不可言的藝術。」辯論的藝術同樣如此，只有點滴在心抑或欲擒故縱，才會感知邏輯的力量妙不可言。

17　雨夜靜聽讀信的聲音

　　當市場上賣楊梅的吆喝聲此起彼伏時，北方的雨就淅淅瀝瀝地來了，「好雨知時節」。北方的雨大多是滂沱的，這使我不常有在雨中散步的興致，選擇在雨夜看信卻是不錯的，堆在桌上的信大都是幾天或幾年前從親朋好友之處寄來的，帶著未散盡的墨香，如同陳釀般歷久彌醇。它們曾經是那樣厚重地浸潤我對遠方摯友的想念，偶爾再次翻閱又影影綽綽地浮現出舊時的圖景，讓人回憶起難忘的往事，又在這雨夜，便更有幾分「對影成三人」的況味了。

　　北方的雨需要讀，朋友的信卻需要聽。我始終認為，信是距離的張揚與歌唱，就如同便捷的網路，網路休閒而隨意，信帶著感情與溫馨。信往往是嚴肅的，它拒絕口誤和口吃，延續著一個情感對另一個情感的回應，人生有多麼豐富，信的內容往往就有多麼豐富，特別是這種豐富可以剝離平庸歲月的空洞，這樣的空洞幾乎等於漠不關心。北方的雨真正是妙不可言，在對雨的解讀之中，可任思想智慧地穿越時空，可隱約地聽到寫信時筆尖的沙沙聲和寫信者怦然的心跳聲。一想到這裡，我就念及疊放在床底的一捆捆舊信，心更踏實了。

　　老友來信說，最近很多朋友因為我的不寫信而沒了聯繫，另外一些也因為我的不回信而沒了耐心，為數不多的幾個「嚴守陣地」者的來信中也越來越多了白開水的味道。難道信這種充滿情感並帶著手指溫度的通信方式，要在我們眼前消失嗎？可能的消失與淡淡的感傷令人不忍思慮。

　　在舒緩的雨聲中，我們確實不能忘記信，雨聲和信上的文字同時透過耳目落在我們心靈的敏感之處，悄然滋潤我們緊張繁忙

的生活，這時，曾經的夢想與故事會慢慢再現，像舒緩的流水一樣，在我們日益時尚的生命中悠然地穿過。於是，擦乾被雨浸潤的眸子，可以看見自己的昨天，還是那麼完整那麼生動地被保存在昔日的信件中，並感到一種真實的幸福，這樣的幸福往往可遇而不可求。

這時，我們更需要讀信的聲音了，它們大多源於斯時斯地情感的自然流露，承載著主體的情思及對讀信者的信任，那麼淡泊，那麼空靈，那麼曼妙，直抵生活最溫暖的泉源。但我們的信還是越來越少了，究其原因，或許是我們怕一直以來自負地建立在流沙上的堅強之塔，隨著筆下真實情況的展開而在頃刻間化為烏有。對話漸漸遠離傳統的方式，透過日益便捷的載體，表達著簡明的意思，卻可能疏遠曾經的默契。

一位朋友的母親期待兒子的來信，兒子由於工作繁忙，只能在閒暇時給她打電話，母親有一次忍不住說：你能不能給我寫封信？透過電話直接地交談固然好，但是放下電話，不免有種空落落的感覺，而拿著你的來信，我能感到你在身邊。我們在寫信時常說「見字如面」，似乎它是一種可以把握的存在，既然讀信的時候如同面對想念的親友，信之可貴，當然不是電話能夠替代的。

在電子信箱時代，網路通信與視訊聊天是不可忽略的方式，前者使信的傳播近乎迅速到瞬間，後者可以在聊天的時候看到對方的細微表情，更何況，交流之後仍可有文字保存在電腦裡，以待日後慢慢地回味。方式的便捷當然不能代替實質的內容，當網路賀卡傳來濃濃的暖意時，我們感到發卡人富有時代感的祝福同樣真誠，卡片的流動畫面和聲音讓人感動。但信是不能夠因此不寫的，正如雨不能不在風中飄灑，默契經由質感的交流而得以啟

動。在無數信件的往復中，逝去的時光似乎透明了，生命的鬱結在雨的淋漓中和解。

在繁忙的生活中，我們尤其需要用懷念與延伸溝通生命，創造屬於彼此的美好。有時候，一封隨手完成的信把自己和別人感動得一塌糊塗，使乾涸的心靈得到充分潤澤，獲得進取與挑戰人生的力量：我們努力而陽光地活著，每一天。每當在信封上註明好友的名字和寓所時，總是感到一種不可遏止的幸福。因為拋卻精神世界裡孤獨或寂寞的無奈，我知道遙遠的地方有人默默關心我，時常惦記我，而我也想念他們！

18　舒緩生命的重負

「天將降大任於斯人也，必先苦其心志，勞其筋骨，餓其體膚，空乏其身，行拂亂其所為，所以動心忍性，增益其所不能。」很多意志堅強者常以孟子之言勉勵自己，即困苦和磨難都可能成為推動自己成長的力量，「人間正道是滄桑」，以穩健的步履撐起生活的重擔，才能沉澱生活的智慧，以苦中作樂的精神舒緩生命的重負。

對生命重負的重視與承當是人們在日常生活中不可忽視的存在，因為「歷史觀的第一個基本前提是有血有肉的人的現實生活」，生活的現實決定人們必須以現實的態度加以面對，事實告訴我們如此，價值告訴我們應當如此，我們首先要如此，然後才能應當如此！

舒緩生命的重負考量人們的意志與境界，以艱苦的鑽研替代安逸享樂，是強者立足於天地之間的精神基石。當負重前進的時候，我們應深知人生不可逆轉，為此力求少走彎路，但在選擇道路的時候要當機立斷，只要前方不是深淵，就應該大膽地往前走，或驚險或平易地度過人生每一次轉折或銜接。

「山重水複疑無路，柳暗花明又一村」，「山」是具體的，人的判斷和腳步隨著「山」的變化而變化，對前方的道路產生疑問的時候，眼前可能突然間「柳暗花明」。我們應該以超越既往的方式舒緩生命的重負，審視生活世界的變化和我們的生活狀態。某個網路「校友錄」多年前滾動播放著這樣一段話：「生活中，一定有些什麼是我所不能了解的，一定有些什麼是我所無能為力的，一定有些什麼在葉落之後是我所必須放棄的……」到底什麼是「不能了解的」，什麼是「無能為力的」，什麼是「必

須放棄的」，認真思索後形成的答案對我們的成長極有裨益。對「不能了解的」、「無能為力的」事情，我們是「必須放棄的」，儘管這種放棄帶來很多遺憾，卻能實事求是地舒緩生命不必要的重負。

　　人生的道路不可能筆直，當路過某個彎曲的山谷時，人們不免產生迷路的疑惑，重負之感油然而生，「車到山前必有路」，關鍵是「車」和駕「車」的人，山前之路可能從前未有，在後車裡應有開山的器械，以探奇的方式摸清哪裡是坑窪，難道不是樂事？

　　「生於憂患，死於安樂」，我們不是悲觀主義者，但面對現實的人生，要把憂患提上議事日程，「居安思危」，在享受幸福的時候，或多或少地考慮如何避免可能襲來的痛苦，絕非杞人憂天。「濁浪排空君莫怕，老夫看慣海潮生」，有見證歷史勇氣的人，將自覺地在滄海桑田中拾取刻有歲月痕跡的貝殼，拾取的過程如蚌一樣，夾裹著沙石，在疼痛中磨礪出渾圓美麗的珍珠，但他們以此為人生不可或缺的詩意點綴，時而撫摸貝殼上由歲月造就的刻痕。

　　平地尚能起波瀾，世上沒有什麼事一帆風順，人生正是在波瀾的起伏間博奕的。沒有人天生願意吃苦，但生命賦予人幸福的同時，也賦予人痛苦，只有勇敢地超越生活的困厄，擺脫不必要的依賴，才能舒緩生命的重負。

　　「會當凌絕頂，一覽眾山小」這樣的豪言壯語充滿對生命重負的舒緩，站得高看得遠，蘊含著踏實求索的生活境界，正是在超越自我的過程中，我們找到全新的生長點，堅定地走上完善之途。阿基米德致力於探索撐起地球的支點，其負擔何其沉重，其對他人執著進取的啟示意義又何其深遠……

舒緩生命的重負，不能缺失人們挑戰生活的勇氣、智慧和力量，不能杞人憂天、猶豫不決，沒有堅持而執著的志向，路總有一天會走到盡頭。在這個意義上，我們應該坦然地感受生活的重擔並從容地承當，拒絕「生命不能承受之輕」，將沉重的事業視為生活的必然，不畏懼、不推諉，樂觀地拾起歷經滄海桑田的珍珠貝。舒緩生活的重負乃積極的生活選擇，意味著對生活世界無限可能的探求以及探求之後的價值承當，從而獲得超越的勇氣。

　　又有誰開鑿與規定了河流的流向呢？除非是運河，但運河到底還是來自日夜奔騰不息的活水。

19 生活中永恆的抒情詩

　　據說，生產「三寸金蓮」鞋的廠商大多轉業，將一批批鞋子的模型送進博物館，因為消費群體漸漸老去，上千年的纏足史已然終結。「三寸金蓮」是中國人的發明，精巧的鞋使數代中國婦女遭受終生的痛苦，隨著時間的流逝與文明的拓展，廠商做出轉業的決定讓人振奮，反映了時代變遷。傳統的精華應該繼承，傳統的糟粕應該遺棄，但遺棄傳統的糟粕並非一蹴而就。

　　比如傳統的捕鳥方式，在菜市場偶爾能看見吆喝叫賣的中年漢子，身旁擺著一串串通紅的鳥肉，賣主聲稱商品如何新鮮？好奇的買主絡繹不絕，商品價格之低廉令人吃驚：如此估量一隻靈動的生命，價格和價值的落差很少有人理會，聽說這叫賣的鳥肉「很香」，很多人「年輕時就打過」，大概是該吃的，因為該吃、很香且容易加工，就很有理由極盡捕殺之能事，耳邊似乎聽到靜謐的稻場上響起的鳥槍聲。

　　傳統鳥槍廠何時轉業與傳統的自然觀如何轉變的問題同樣值得關注，隨著生活水準的提高，都市化發展進程加快，打鳥的人越來越少了，儘管有時候聽到獵殺珍稀動物的不法之徒被捕獲的消息，以證明鳥槍獵槍的使命還沒有終結，但鳥槍確實沒有太多存在的理由。「勸君莫打三春鳥，子在巢中盼母歸」，且不說鳥曾是人類的圖騰，在數千年文明史上，鳥是人類的朋友，很多發達都市營造著鳥的樂園，毫無戒心的鳥在人們的身邊接受贈送的食品，無所顧忌地展示自己，因為沒有人傷害牠們。可是，某種人或為滿足口腹之欲，或為發洩某種不良情感，瘋狂地捕殺、虐待動物，肆無忌憚地成為動物的敵人。「兩個黃鸝鳴翠柳，一行白鷺上青天」這樣的詩歌在鳥雀隱匿的時空不知如何吟誦，濃煙

滾滾的粗放式生產使工業時代的自然成為驚弓之鳥，人們在隨意殘害野生動物的同時也降低了人格的高度。

「子在巢中盼母歸」，人們期待都市的廣場上有自由飛舞的鳥群，有孩子伸出帶有溫暖的麵包屑的手，在這個意義上，善待自然就是善待人類，因為自然延伸著人類的情感。若考慮捕鳥之後幼鳥的生存境遇，很多瞄準的鏡頭可能就不會出現，母親應該得到尊重與愛護。例如有一則令人銘記在心的故事：

從前，有個年輕人在人生緊要關頭需要將母親的心獻給別人，以換取自己的幸福，母親知道後，義無反顧地將心掏出來交給兒子，當兒子捧著這顆鮮活的心跑向目的地時，不小心被荊棘絆倒了，這時突然聽見那顆心著急地問：「孩子，你摔疼了嗎？」

母愛的偉大毋庸置疑，不久前整理舊書櫃，不經意間看到兒時常讀的《唐詩三百首》，直排式的，隨手一翻竟翻到「慈母手中線，遊子身上衣」，忽有無限感慨。當代著名作家感慨地說：「所有男人都是所有女人的兒子，所有女人都是所有男人的母親。」這句讀起來有點不合邏輯的話意蘊深厚，母親的生命像生生不息流淌的愛河，世上不乏冷漠的母親，但另類之舉不能掩蓋母愛的光輝。「勸君莫打三春鳥」，母愛是生命的本能，動物護犢的本能是精彩的事實，想起幼小的動物無依無靠的身影，人們應鬆開本要扣動扳機的手。

母愛是值得長久吟誦的抒情詩，其偉大在於投入的呵護，卻不考慮對方的報答，正源於此，對母愛的回報才是必需且是經常的，我們應該始終惦念母親的冷暖。有一則母愛的傳說：

　　古時候，有一位少年意氣風發地進京趕考，帶著母親烙的油餅上了船，誰知這竟是一條不歸路，船行至途中，突然一道海浪打來，結束了少年全部青春的憧憬，船上乘客無一倖免。可是，少年的母親對此一無所知，「兒行千里母擔憂」，可憐的老母親終日站在臨海的山頂，日夜披著白髮，時刻淌著淚河，掛念著遊子的冷暖，後來化作望兒山，長久地昭示著母愛的崇高。

　　每當憶及此，我都感到眼角有潮溼的存在，並開始默誦那首古詩：「臨行密密縫，意恐遲遲歸……」

20 平淡生活的溫暖與幸福

　　平淡是對生活世界的自然體驗，是對生活境遇的實際掌握，是對人生本質的價值體認。人們往往因平淡的生活而感到乏味，為此探求各種可能獲得驚喜的生活方式，漸漸淡忘了人之為人的常識，繼而失去平淡生活的幸福，大有得不償失的感嘆。大多數人起初的生活都是平淡的，因為平淡而有很多羨慕與渴望，當人們以各種方式走出平淡的生活，竟發現羨慕與渴望的事情十分平常，新的生活又突然遭遇平淡，難道這就是對以往追求與跋涉的報償嗎？

　　在生活中時常見到平淡的伴侶，在不為人知的境遇中品味溫暖。我越發感到都市有了鄉村的點綴，找不知道在都市的構成中是不是天然地蘊含著鄉村的元素，就如同炒瓜子、烤玉米、做爆米花、棉花糖、賣米的人，因多年來一直充當著都市的邊緣人而樂不思蜀。

　　我經常在夏天吃烤玉米，就如同在冬天經常吃烤地瓜，都一樣有點兒燒焦的味道，從裡到外透著質樸的香甜。在我家附近有個不大的攤位，安置著一口大鍋和一個瓦斯爐，攤位的主人是一對外地打工夫婦。他們每天都在夜市賣烤玉米，女人用鉗子挑著玉米，看著火紅的爐子，彷彿盯著某種希望，不顧煙薰火燎；旁邊是賣瓜子的簡易貨攤，地上坐著她皮膚黝黑的丈夫，手裡總是抓著一把瓜子，邊嗑邊傻笑著。每天晚飯過後，在喧鬧的夜市納涼，買烤玉米也不覺得有什麼，買的時間長了，總不免閒聊起來，於是知道他們家孩子眼看要讀書了，夫妻倆只好在外地謀生計，據說生意還不錯，就是苦了點。令我驚奇的是，有一天突然發現，女人塗著口紅，接連幾天觀察都是如此，夫妻倆在一起有

　　平淡是對生活世界的自然體驗，是對生活境遇的實際掌握，是對人生本質的價值體認。人們往往因平淡的生活而感到乏味，為此探求各種可能獲得驚喜的生活方式，漸漸淡忘了人之為人的常識，繼而失去平淡生活的幸福。

　　其實，平淡是一種生活的常態。在擁擠而喧囂的城市裡，平淡的細節無聲無息地構築著城市的另一片風景。當人們以各種方式走出平淡生活的時候，卻發現最大的幸福往往蘊含在平淡之中。

說有笑的。塗口紅或許算不得什麼，可是如果對生活失去信心，哪會有那份閒情逸致。此後，很久不見他們，倒不是想吃他們的烤玉米，不知怎麼竟然惦念起他們來，盼望著他們的生活能夠有所轉機，畢竟孩子和他們是分不開的，如同誰也離不開土地。土地的可貴之處更多的源於質樸，質樸給人以家園的踏實感，或許這正是我們熱愛土地的原因。質樸延伸出的善良、責任感之類，往往也是最能夠衝擊心靈的。

　　還有一個涼爽的雨天，不寬敞的街道積了很多水，大大小小的車輛疾馳而過，總是將積水濺到行人身上，然後有些得意地揚長而去，走路的人們紛紛抱怨著。這時，從後面過來一對夫婦，男人騎著一輛自行車，女人挺著肚子，坐在男人的車後座上，只見男人稍微囑咐幾句就下車了，女人似乎還要說什麼，可是男人已經穿著皮鞋，推著車蹚著水走了過去，直到平整的路面才停下來。他懷孕的妻子沒有因為浸入雨水而著涼，行人也沒有因為他們的路過而被濺溼衣服，只有這個男人，膝蓋以下從裡到外都溼透了。一切似乎都是那樣自然而然，幾乎沒有人在意他們，周圍也沒有抱怨聲，也沒有感謝聲，他們默默地來，又默默地離去，卻留給周圍一片溫馨和美好。

　　擁擠的都市裡，堅硬的柏油路踩不出足跡，引人注意的火爆的時尚和流行似乎都是營造的焦點，人們有些疲憊地追隨著，漸漸感嘆「城裡的月光」並不那麼明亮，但是有些東西在潛移默化地溫暖著他們，他們無聲無息地構築都市的另一道風景，很精彩，似乎看不出無奈，甚至連其中的影子都是美的，這樣的溫暖似乎正是繁忙奔波的人們所渴望的。當我們的感動真正湧上心頭的時候，眼中常含著詩意的淚水，因為對質樸的土地和人愛得深沉。

　　平淡終究要回到我們的生活世界，它是我們穿越驚奇與困惑的「林中路」，使我們激越的情懷與艱難的求索得以確立踏實的根基。平淡實乃生活的常態，我們總是期望生活能有某種超常態的體驗，但超常態的體驗只有在常態中才能呈現出來。在這個意義上，我們不能遺忘更不能缺失生活的常態，不能忽視人生追求時秉持的平常的心態，在平常的人生中求索不平常之事，使平常的生活獲得某種喜悅，從而在踏實的求索中感到快慰。

第三部

情懷與境界

假如我們把人生比喻為一場武功的修練，那麼，境界的高低
也就決定了武功的級別，內心的修為可以決定功夫的水準，
同樣，生活的情懷也能夠左右視界的遠近。有人從樸素的生
活中嗅出了生命的芬芳，也有人從時間的流逝中找到了當下
力量，這就是人生帶給我們的意蘊。

1 人生的哲學境界

　　據說，有個非洲的酋長到英國參觀，回來之後被問及參觀時最大的感受，他不慌不忙地說，那裡的人們都說英語，連三歲小孩都說！可見，眼界決定著領悟外在事物的品質，透射人生的微妙內涵，眼界的高低關乎境界的深淺。境界不可或缺，因為在鋼筋水泥之中奔走的人們總要尋找精神的家園，給疲憊的心靈以某種有價值的慰藉。尤其是當物欲至上的價值觀使得某些事情發生改變時，漸漸疏遠了純真情感的人們可能會屈從精神陷阱的誘惑，不斷膨脹的欲望莫名其妙地鑄就迷失，人格在世俗的運作中失去魅力。

　　人的生存蘊含著對生活的嚮往，境界是流動不拘的現實中安然生成的淨土，是無定所的恆久家園，它使世俗的距離感和陌生感得到消解，繼而產生人格的超越。境界建立在哲學基礎之上，若因哲學的深奧而將之理解為失語或夢囈，繼而放棄以至於遺忘，這樣的擦肩而過注定給人們帶來無盡的遺憾。因為每個人都在短暫的生命旅程中執著地守護著尊嚴和價值，基於境界的實踐體驗，價值的力量才能切實地對現實產生推動作用，構築生活的燈塔。

　　不能夠忽略的事實是，智慧的思辨超越時代，哲人的洞見常常給人們至少是後人以深刻啟示。這種洞見之所以不可缺少，在於生活中高遠的境界往往令人激動不已，儘管執著於其中的人們有時似乎守望著不動的風車。他們不滿足於實際生活，要從更高層面上界定生活，力圖將未經思考的日常生活「二重化」，以便使生活進一步生成為可能的生活，正是對境界的追求，使人找到成為「有個性的個人」的價值映照，因為人不能不思考人的社會

定位和成為怎樣的人的過去、如今和未來的價值定位。

當人們試圖超越迷失的徘徊時，境界構成某種精神慰藉，正是在對真實的渴望、真誠的憧憬及真理的嚮往中，人們找到了生活的意義，繼而在實踐中體認。作為透過反思確立的應然目標，境界為人的可能生活不斷辯護，為人的崇高與尊嚴不斷陳詞，透過思想的傳播，有節奏地感知時代的回應。它往往拒絕價值的喪失，反對沉思話語遭到非理性平移，《哲學境界》告訴我們：「人所生活的世界，既不像萊布尼茲所言，是可能世界中最好的世界，也不像叔本華所稱，是可能世界中最壞的世界。這個世界，有鮮花，也有野草；有陽光燦爛，也有烏雲密布。正因為如此，人要確立精神家園以安慰自己的心靈。」

當思考的花朵被物化的塑膠代替，人生的芬芳缺失氤氳，表層的生活麻痺了意義的神經。只有對生活的終極問題產生殷切關懷，在運思取向上確立境界的維度，才能夠開闢可以感知的精神天地，才使溫暖的家園得以憧憬，生命的美境得以體驗，無遮蔽狀態得以成為可能，才令我們的生活變得大氣從容。

在都市中奔走，人們無法徹底拒絕、遺忘以至消除境界的存在，因為對時尚潮流的追逐無法讓人們忽略內在的精神世界。儘管在崇尚功利的社會潮流中，人們為了物質生活的安定，在表層空間不斷奔波，精神活動成為奢侈的憧憬，甚至被淺薄地理解為無意義的負擔。殊不知，這種狀態注定令人或早或晚地遭遇深度的無聊，人們對無聊的超越必經哲學的家園，抵達真實的境界。否則，對於生活的追問只能停留在直覺的感知層面，也就會像非洲那位酋長表現出令人驚訝的「單純」。

只有真正地實現了這種超越，人們才能擺脫有限事物的糾纏，繼而解決實際生活中的問題，而不斷超越、不斷確認及不斷

完善的理想人生才成為可能。對境界的體認應該發自心靈，我們才會由此擁有某種超越的心態或本領。當理想境界還沒有成為必然，人們往往在茫然懵懂之中追問，我們如何才能夠過得更好，只有在具體的理解與實踐中，應然目標才能夠彌補現實中的缺憾。

在這個意義上，當人們在日常實踐中試圖把握有價值的人生時，沒有境界的生活方式必定得到反思，流變的生活必定得到提升，整合知識和智慧的交往空間也必定成為現實。

2 孩子眼中的自然希望

　　孩子的眼睛是最清澈的存在，流淌出詩意的美好，在孩子的眼中具有人與自然的和諧觀念，他們對待寵物的態度透著真誠，這多少讓大人們感到汗顏。每當看到孩子們在街上宣傳節約與環保，我就感到另一種希望工程正在建設中，浸潤著陽光般的力量。

　　我在青少年時代聽過一次講演的內容令我難忘。某年夏天，很多作家、編輯去遊覽長白山，對於這些長年伏案者而言，爬山著實是力氣工作，當爬到半山腰時，有位作家說連遮陽傘都快拿不動了。這時，他們發現身後跟著一個少年，少年手裡拿著大塑膠袋，背著帳篷，好像可以隨時露營，他一邊爬山，一邊撿拾行人隨手亂丟的易開罐、果皮和廢紙。作家們感到好奇，和他打招呼，這時發現語言不通，經過英語交談，才知道這個外國男孩在暑假慕名來到長白山。他說長白山是他心中最美麗的山，自己有責任讓最美麗的山潔淨。

　　這時，作家們深感慚愧，覺得自己不如一個孩子。接著，他們邀請這個男孩吃西瓜，也許是太渴的緣故，大家隨手把瓜皮扔到一邊，還是這個孩子，默默地把果皮撿起裝進大塑膠袋裡……

　　一個孩子走那麼遠的路，為了世界環境的改善而努力，此舉帶給人們的不僅是感動。對東方的很多「童眸」而言，他們在很小的時候就知曉了「地球村」，他們在自己的文字和美術的世界真誠地表達著未來的主人熱愛環境，追求人類的希望，這種聲音真是太美好了。我們呼籲的希望工程不僅只有一個意義，但至少

應該清楚地了解鄉村中渴望讀書的孩子們，「讀書為了什麼？」「走出偏遠鄉村為了什麼？」「考上大學為了什麼？」答案不可能是一種，也許某些答案會深深觸動甚至刺痛我們，因為與我們的初衷太遙遠。

都市不愁吃穿的孩子應該懂得，做個好學生除得高分之外，還有一種責任──力所能及地為周遭的美好提供恆久的可能，繼而擴大視野，提升人類的生活品質。我們要引導孩子熱愛世界，讓他們伴著簡單的理想成長是一種雙重不負責，如果將這種培養較之耕種，那意味著原本渴望的豐收將成為莫名的荒涼，這是我們不願意看到的。

其實，大人們的事情更不樂觀，儘管人們以物質的方式驕傲地告訴世界，我們的生活狀態更新了有史以來的紀錄，比如住屋條件的改善，交通工具的發達，休閒品質的提高。我們可以在冷氣營造的涼爽中，看著電視聽著mp3敲著電腦，到外面買醬油，還可以乘電梯，似乎有足夠的理由得到古代人的羨慕，但是很遺憾，我們也遭遇了很多莫名其妙的疲憊和辛苦。

我們為了生活得精緻而吃細糧，後來發現五穀米更有益健康；汽車、冷氣、電視等的普及減少了人們的運動，舒適得認知「生命源於靜止」的人們逐漸體驗到心腦血管疾病的恐懼，我們在危險的環境中渾然不知。我們沒有足夠的能力保護孩子，因為他們好奇，可能試圖把某根電線從什麼地方拆掉，或者對開關產生濃厚的興趣，或者嘗試微波爐到底能產生多少熱量，這類事情想起來讓人擔憂。我們不能把家電的構造清楚地給孩子講明白，還不能不告訴孩子家電的危險程度，若給孩子講清楚身邊的危險可能發生，他們大概會沉浸在恐懼中，甚至因此得了什麼病，那簡直如同說「狼來了」。

在某種意義上，都市人有勇氣使用各種現代生活本領，卻幾乎無力解決這些方法帶來的負面效應，如同人們發明了原子彈，卻無法保證自己生活在安全之境。於是，人們只好到田園、鄉村、海濱去體驗野性旅遊的快樂，但事情不禁讓人擔憂，都市的問題逐步被轉移，風景秀美的旅遊區有機會遭遇白色垃圾的包圍，長此以往，休閒的地方不再舒適，人類實在沒有理由在自己的創造性工作中體驗自然環境的惡化。

　　當務之急是調整自己的心態，換上一身運動裝，繞著都市的綠地跑跑，之後洗個熱水澡，讀讀「澹泊明志，寧靜致遠」之類恬淡的句子。在注視「童眸」的時候，我們不能否認，問題的解決涉及未來的希望。

3 幽默是來自生活的智慧

幽默是生活的潤滑劑，是人們對我與環境的靈活掌握，也是處世交際中不可或缺的表達藝術。富有幽默感的人處事靈活，往往把消極的處境轉化為積極的氛圍，從不同的角度觀察並思考事情的進展，適時地開發自己的「同理心思維」，雍容大度地體諒他人。幽默的成熟在於簡單的快樂蘊含著價值深意，敞開紛繁複雜的生活背後的世界，以審時度勢的能力揮灑人生的藝術，輕鬆而愉快地判斷生活的內容，以避免可能的衝突與摩擦。

幽默不是滑稽，更不是嘲弄，它是適中的智慧、教養和魅力的優越展示。幽默能消解緊張的情境，使對方自如地擺脫窘境或灑脫地自我解嘲。在這個意義上，幽默富有寬容的精神，使人們看出事情發展的多種可能，不固執己見，以靈活的節奏克服困難，視快樂為人生不可或缺的生活方式，往往是信念的表徵，洋溢著謙讓的情懷。

在生活的周圍，很多少年老成者往往不願意幽默，因為缺少游刃有餘的交往藝術，其智慧難以在生活世界敞開，板起面孔待人接物，對幽默嗤之以鼻，永遠停留在時代的視野之外。

幽默講究分寸，超過分寸的領域，可能引起不必要的誤會。把握分寸意味著衡量對方的承受能力，在嘲弄與幽默之間安置分水嶺，幽默之所以異於滑稽或荒唐，在於同情幽默的對象。生動地講述朋友的趣事，輕鬆地解嘲自己的弱點，是幽默不踰越自身的尺度。在這個意義上，藝術的幽默對於生活品質的提升至關重要，對團體來說，缺少幽默的文化生活和思考方式，難免減緩時代發展的腳步，對個人來說，富有幽默的人文素養，可以洞察人情世故，有分寸地體驗交往的快意，從容地生長出隨緣與超然的

　　幽默是生活的潤滑劑，是人們對我與環境的靈活掌握，也是處世交際中不可或缺的表達藝術。幽默的成熟在於簡單的快樂蘊含著價值深意，敞開紛繁複雜的生活背後的世界，以審時度勢的能力揮灑人生的藝術，輕鬆而愉快地判斷生活的內容，以避免可能的衝突與摩擦。

　　幽默不是滑稽，更不是嘲弄，它是適中的智慧、教養和魅力的優越展示。幽默的境界與智慧的力量成正比，成熟的幽默是生活的潤滑劑，也是簡單快樂的泉源。

情懷。

　　不同的民族有不同的幽默文化。據說，曾有三位不同國家的軍官爭論誰的士兵勇敢，他們分別命令部屬徒手爬桅杆，德國士兵敬禮之後，意志堅定地爬上20公尺高的桅杆；美國士兵委託一個水手輕鬆地爬上30公尺高的桅杆；英國士兵面對40公尺高的桅杆，對軍官嚷道：「你瘋了！竟讓我爬這麼高的桅杆！」英國軍官見狀對德國和美國的軍官說：「這就是我們士兵的勇敢。」尷尬時吐露的幽默是別樣的智慧，話語交鋒的幽默使人得到啟迪，它基於多元的文化土壤。幽默生成於主體的思想，同時也需要環境的烘托，在思想與環境的契合中感染他人，共鳴出不同「自我」的「合唱」，方能呈現幽默藝術的佳境，因此，幽默並非易事。

　　滑稽的語言和誇張的表情，繪聲繪色而無所顧忌的表演，都是淺層次的諷刺劇，鄉間俚曲之所以成為耐人尋味的幽默，在於同生活智慧的水乳交融。模式化的幽默是被動的體驗，缺乏臨場感，或曰其未能抵達幽默的境界，提倡幽默作為一個口號，一種標準，正是缺乏幽默的舉動；這不是幽默，這是一本正經地宣傳幽默，我們如果透過這種勸說而露出笑靨，那也只是因為感到這種宣傳本身很幽默。快樂的泉源未必是幽默，但幽默應該達到快樂，幽默的境界在於運用巧妙的語句，揭示事物的深刻內涵，在輕鬆的談吐間蘊含不盡之意，透過意想不到的表達，令人們感到趣味無窮。

　　幽默的境界與智慧的力量成正比，凝聚幽默的力量，必然要增強幽默的文化內涵和語言的表達能力。更為重要的是，幽默的

情景總是隨著時代的變遷而完成自身的轉變，這正是很多傳統曲藝節目不能取悅當代人的原因所在。在這個意義上，成功的娛樂作品總是在舞台表演之後留給社會幾句流行語，令人們在慢慢體會的同時頻繁引用，並在與生活的對應理解中增強幽默的魅力。

幽默的境界當然是有層次區別的，對其層次遞進的把握往往印證人生的成長，成熟的幽默是精彩的寓言詩，它使人們領悟生活的哲理，不再埋怨人生的單調，將以往對快樂生活的追求變為日常生活的現實，在大俗大雅的言語溝通中，成長處世的智慧，產生共鳴繼而領略會心一刻。因此，真正的幽默生動無價，與幽默之前所醞釀的沉默等值。

4 敢於說真話的勇氣

　　讀巴金先生的激流三部曲《家》、《春》、《秋》，思想的浪花隨著人物的命運起伏。心繭風化而心潮難平，縱向明亮時代的前夜，望著陳舊制度中的人的不幸毀滅，雪白豐滿的存在一個個消失，生命高尚的美似乎逃不掉毀滅的命運。然而，新生是不能抗拒的，正如同黎明的到來。作者勾勒的時代縮影——金陵高宅的斷代家史蘊含著深刻的命題，賦予讀者人生的意義，呼喚人們追求自我的價值。

　　作者在書尾交代了每個人應有的歸宿，緊皺的心有了跳躍的舒展，掙扎著的抗爭指引人的前途，向著幸福的漩渦划去，「秋天過後還會有秋天」，而「春天是屬於我們的」。在「禮教」前的血泊中的屍首只能證明那個時代的罪惡，他們是受害至深的命運的盲者，其生存的意義大抵是在一段小心的過活之後，遭受無奈的蹂躪，然後歸罪於命運的安排，甚至得到命運垂青的幸運者也必須承受應該抑或不應該的苦楚而安之若素，這是何等的悲劇。

　　窺視悲劇複雜的矛盾糾葛，捕捉人物的虛弱思想和行動外強中乾的本質，看到這種制度的內核如何在進步的激流之中嶄露自身猙獰而妥協的醜態。魯迅先生說，「悲劇是把生活中有價值的東西毀滅給你看」，無價值的東西毀滅不是悲劇，在這個意義上，高宅的沒落是社會發展的必然，悲劇的實質是舊勢力對善良的人的摧殘，以及這種光潔的美的使者在黑暗中過著非人的生活；而作為其對立面的舊勢力，卻得不到命運的懲罰抑或良心的譴責，過著變本加厲的喪心病狂的生活。

　　於是，悲劇的發生成為必然。同時，這個古老時代自身孕育

的種子——新生革命的一代在樸素的悲憤中進行了激烈、謹慎而頑強的鬥爭，無論這種鬥爭如何反覆與複雜，勝利的新生的世界終將在曙光中升起，人們盼著在曙光中升起的世界，揮淚告別倒在鬥爭路上的可愛的同伴。

作者描述了很多純真無邪的青年，純潔的少女蕙在被人撥弄的苦痛中呻吟，目睹齜牙方臉的人物嘰哩咕嚕著「我鼓公」而被稱以「當世奇才」的鬧劇，他的父親周伯濤一步步把女兒送上死亡的道路，使其在死後也受著催人斷腸的漠視，我們在周伯濤的心態中讀不到青春和幸福；枚的人生原則是「爹大概不會錯的」，他的死造成馮家小姐的守寡生涯……這樣的命運似乎不是「哀其不幸，怒其不爭」所能闡釋清楚的。生來就忍耐受人撥弄命運的梅、玨、覺新等，偽善的馮樂山、鄭國光、高老伯等，為幸福而革命的勇士覺慧、淑華等，他們已經不是自覺的受害者抑或不自覺的害人者，他們的對話告訴我們：軟弱沒有出路。

「黑暗給了我黑色的眼睛，我要用它尋找光明」，不同的人生選擇決定了不同的命運。如果「高尚是高尚者的通行證，卑劣是卑劣者的墓誌銘」，那麼我們要面對人格的交鋒，其間的揚棄與整合是解決問題的支點。

晚年的巴金先生宣導人們「說真話」，「說真話」當然是需要勇氣的，但「說真話」之重要毋庸置疑，在這個意義上，人們必須勇敢，正如《家》、《春》、《秋》揭示的道理：軟弱沒有出路！據說，在蕭伯納先生的公寓裡，他的壁爐上刻著這段話：「他們罵啦？罵些什麼？讓他們罵去！」從這個邏輯出發，當知道真話可能惹怒某個並不美好的存在時，大可不必擔憂，他們生氣啦？為什麼生氣？讓他們生氣去！不說假話未必等於說真話，生活中人們樂於說沒有太多意義的話，比如：「天氣真好！」、

「變得漂亮了！」、「最近還忙吧？」之類，對話的形式遠比內容重要得多，但這種形式已經成為人們的習慣，作為懂得社交禮節的標誌。這種交流從形式上傳達了溝通的善意，如果抽離這種善意，那樣的對話簡直就是廢話。海德格爾對這樣的廢話感到十分擔憂，他唯恐人們踐踏了語言的純度，進而提倡人們少發表作品，以便保護語言。

　　每當聽到沒有太多內容的話語或讀到不知所云的文章的時候，我經常對朋友開玩笑地說：「海德格爾可能生氣了！」我們應該保持話語的純度，盡可能「說真話」，盡可能少說廢話，用以純淨地生活。

5 樂譜中的歷史情懷

　　月華闖進窗子，繁華的都市不再喧鬧的午夜，嫋嫋的煙霧中有一滄桑暗啞的胡琴聲隱隱地傳來，直抵心靈，時空彷彿被淒苦滲透，簡單的音符平靜地拉開了悠遠的旋律，這是多年前一個叫阿炳的盲藝人在參悟殘酷現實之後表達的掙扎之苦。徐徐的晚風送來縷縷幽香，淡淡的月光如水般柔柔地鋪開，叮咚的泉音好似古老的歌謠，但在阿炳眼裡，一團濃濃的雲遮住了圓圓的月，冷風吹進內心的悲涼，不知不覺中，冰涼的泉水湧上了胸膛，湧上眼眶，滑落雙頰，潤溼了乾裂的雙唇，味道卻苦苦的。

　　曾有一位樂迷朋友跟我提起這段歷史，中央音樂學院的幾位教授慕名來到杭州，找到「瞎子阿炳」。雙目失明的老藝人演奏了《二泉映月》，近乎物我兩忘，教授們震驚了！記譜之後問曲名，老人搖頭說，是在二泉畔賣藝之時信手而作的，常在街巷內演奏，沒有曲名，教授以藝人作曲之地命名為《二泉映月》，老人沉默了，「你們都是有學問的人，就這麼定吧。」第二年，老人撒手人寰，《二泉映月》傳遍大陸。

　　胡琴的演奏在蒼涼的悠長韻律中完成命運的和弦，剛直頑強的盲藝人對生活的無限感慨被無錫惠山的「天下第二泉」讀作掙扎的經典。生命是美麗的，生存是一個民間藝人起碼的要求，為了生命的存在而表達出的淒苦乃是一種淒美，就是這樣的淒美打碎了西樓，也深深地觸痛了琴者之心，演繹成極具生命力的旋律，讓人們在薩克斯風、電吉他、合成器大行其道的時代，仍不忘那把不合潮流的古老的胡琴，任滴滴血珠從蒼老的琴弦上溢出。

　　日本著名指揮家小澤征爾曾說，聆聽《二泉映月》，應該跪

在地上，慢慢品味。這就是音樂的力量，穿透了命運的滄桑，讓演奏者和傾聽者沉浸在同樣的旋律中，領略人在命運面前的抗爭抑或順從。在本科即將畢業的某個夜晚，我與友人在遼寧大禮堂觀看芭蕾舞劇《二泉映月》，縈繞的旋律融入身體的述說，沒有話語獨白，卻有無聲的吶喊激情地表達著舞者及曲者的生命尊嚴。這樣的吶喊讓人成長，複雜的生活有時候很難單向度地理解，只有慢慢參透，心泉隨之叮咚。不必彈奏同情的曲調，卻要表達震撼的節拍，讚賞不畏悲涼的勇氣。面對敵視自由與美好的力量之時，智慧提醒我們：只要感動還在，人生的心泉就不會枯萎；只要曲聲還在，人生就能夠踏上抵禦庸俗抑或乏味糾纏的「林中路」；只要生命還在，人生就不應該放棄對美好的認同與追求。當二泉映月的時候，心泉與命運正對酒當歌，叮咚的悅耳的節奏敲擊著人生的脈搏。

這樣的音樂是嚴肅的，在都市中匆匆奔走的生命對嚴肅音樂的傾聽正是為了追求陽光並讓人性覺醒，把愛和美的生活譜成歡樂的音樂之海。吳倬教授認為，音樂具有娛樂、反映和認識功能，娛樂是人們精神生活得以豐富的需要，是對日常奔波的腳步和疲憊神經的舒展，音樂的內容當然不是憑空產生的，它要反映特定時代的歷史情懷，最為重要的是，對音樂的聆聽可以增強認識世界的能力，獲得超越自我的價值根據。音樂本於詩意的放達，滲透著人們對周遭際遇的感知情懷，始終指向生命的意義，或者昂揚而充滿朝氣，或者低沉而沉潛期待，或者歡快而抵禦憂愁……音樂之所以不是噪音，原因正在於此。

正是由於音樂承載的歷史意蘊，不同年齡的人對於同一首曲目有不同的評價，但所獲的感受沒有實質的差別。羅曼・羅蘭說過：「肉體與靈魂像流水似的過去，歲月鐫刻在老去的樹身上，

整個有形的世界都在更新。不朽的音樂,唯有你常在,你是內在的海洋,你是深邃的靈魂。在你明澈的眼瞳中,人生絕不會照出陰沉的面目。」

人生當然不能缺失「明澈的眼瞳」,因為長久的沉默並不能覆蓋「陰沉的面目」,當我們對音樂發燒友的癡迷感到費解時,應該透過音樂的認識功能去感知,他們迷戀的絕不僅僅是音樂技術,更多的是對「明澈的」泉水般的聲音的陶醉。

6 人生灑脫之間的留白

　　有位朋友曾笑談名畫的留白，即使是空白的存在，也同其他有色彩的畫面一樣價格不菲，留白的益處妙不可言，若有買家要畫家補足畫面，以求稱心如意，實乃俗不可耐。完滿的畫面缺乏必要的想像空間，林語堂先生感嘆，「我們精神上的屋前空地太缺少了」，「生活太狹隘了，使我們對精神生活的美點，不能得到一個自由的視野」。過於追求完美可能適得其反，當我們置身於「屋前空地」，方能漸漸體悟為人處世的尺度，很多事情都要留幾分餘地的，「過猶不及」往往被人們引為憾事。

　　李密蓭詩云：「看破浮生過半，半之受無用邊。半中歲月盡幽閒，半裡乾坤寬展；半郭半鄉村舍，半山半水田園；半耕半讀半經廛，半士半姻民眷；半雅半粗器具，半華半實庭軒；衿裳半素半清鮮，脊饌半豐半儉；童僕半能半拙；妻兒半樸半賢；心情半佛半神仙；姓字半藏半顯。一半還之天地；讓將一半人間。半思後代與蒼天，半想閻羅怎見。飲酒半酣正好；花開半時偏妍；半帆張扇免翻點，馬放半韁穩便。半少卻繞滋味，半多反厭糾纏。百年苦樂半相參，會佔便宜只半。」對完整而言，「半」無疑是未完成的狀態，但對悠長或無解的問題來說，「半」開啟了生成的可能，即很多事情並未終結，更何況，「半」蘊含著我與你的關聯，個體自我實現為他者的自我實現提供可能的契機。

　　就生活現實而言，亦可將虛擬視為必要的留白。一位詩人多年前吟出一首哲理詩，全詩只有一個字：網。生動地道出某種生活狀態，在網路溝通的時代，據說那個美麗的「>>」把整個世

界聯繫起來了，人們捲入其中，隨著網路規則自娛自樂，儘管有歌聲隱隱傳來：「我們不要一個被科學遊戲汙染的天空，我們不要被你們的發明變成電腦兒童。」網路的汙染與其開放都是不爭的事實，都源於現實生活中人們的現實行為與現實選擇，網路的虛擬在於人們可以透過不同的方式表達自己，比如可以有幾個網名，網路上走動幾個性格迥異的人可能源於現實中同一個存在，虛擬的意義不可輕視。

如果網路成為時代樂曲的音符，在鍵盤上衝浪可能成為生活的常態，據說全球有數百萬流浪者加入網友的行列，亦有人認為網路已成為流浪者的精神家園，他們可以在其中自由地傾訴與溝通，他們會給遠方的親友發一首溫暖的詩歌，在很多公共場所免費上網，同搭便車一樣成為流浪生涯中不可或缺的部分，他們不是阿Q，但都「到大都市做事情去了」，從他們身上可見虛幻世界的現實維度。

若拋開虛擬的現實維度，其意義則在於必要的留白，人們對虛幻世界的嚮往並非全然出於無聊，其初衷當然是對現實生活的無奈，對應然生活的寄託意味著對實然生活的否定，為實然生活的改變提供必要的起點。

古城麗江曾有悄然隱逝的別名：殉情之都。百多年前，當彼此相愛的納西族男女將被封建的禮法拆散時，他們著盛裝，吹笙奏笛，登上聖潔的玉龍雪山，滿懷著即將投入夢幻般的「玉龍第三國」的憧憬，與戀人擁抱著死去。當這種情愛的壯舉成為隱祕的民族史，被人們口口相傳之後，不得不讓後世感到驕傲，儘管已塵封了多年，我們仍為這種情愛的境界而深受震動，夢幻般境界的意義正在於此。人們不能容忍這種情景的重演，為此摧毀封建禮法的束縛，使「玉龍第三國」常駐人間。

　　回到留白的問題上，人生不可缺乏灑脫的情懷，揮灑之間的留白是生動的個性詮釋。在人生道路的曲折迂迴中，我們要給未來留有餘地，切莫讓決絕之舉寒冷了他者的感情，看似完滿的結局有時意味著不可挽回的失誤。恩格斯曾說，人是尚未完成的存在，這種未完成並不妨礙人性光輝的流露。留白的價值之所以等同於畫面，虛擬與現實之所以共分秋色，在於印證未完成與完成的必然關聯，印證理想存在與現實存在同樣不可或缺，在這個意義上，我們應該有意識地駐足於留白之處，有所思。

7 審視生命的表情

　　樸素是一種參悟生命、通達人生的高貴情愫，跟貧窮不能同日而語，因為貧窮是被動的承受，樸素是接近生命本色的生活方式，這就不難理解，為什麼有的人衣食住行中不事張揚，有的人「一富臉就變」。我們當然不會癡迷拮据的生活，問題是食盡人間美味，穿遍世間綾羅，是否等同於獲得幸福？我們需要適度地消費，抑制欲望無止境地蔓延，對動物表達基本的關懷，至少不是把牠們殺死，變為桌上的菜餚後，又原封不動地倒掉，難道非要用猴腦、鹿唇、熊掌來佐餐，難道把動物的皮毛竊為己有，就能穿出生命的顏色？

　　對於樸素生活的遠離，可能傷害萬物共生的感情，至少我們應該顧及動物的生命。表情是人們心理健康的試紙，在人際交往中，它可以被理解為臉色，透過臉色能看出很多問題，比如健康情況、發展狀態、心情指數等，但都市表情中的很多內容已經程式化，令人難以捉摸。這個情況在自然界可以找到參照。

　　據說中國駱駝是世界上最美的，因為擁有雙峰，而非洲的駱駝只是單峰。內蒙古阿拉善盟曾是名副其實的駱駝之鄉，由於連年乾旱，年均降雨量不足500毫米，蒸發量卻高達5000毫米，駱駝的主食馬蓮草幾近滅絕。馬蓮草作為沙漠中最耐旱的植物，也在乾旱之時化為塵土，最適應沙漠環境的駱駝遂營養不良，其中僥倖存活的駱駝體重幾乎打了對折。阿拉善盟的駱駝銳減，他們本應高聳的駝峰開始向兩邊低垂，在求生的焦灼中，我們已無法讀懂牠們的表情。

　　曾讀過一篇環保文章，用觸目驚心來形容遠遠不夠。文中的

　　環境倫理學家施韋澤說：「一個人，只有當他把植物和動物的生命看得與人的生命同樣神聖的時候，他才是有道德的」。

　　我們應該對自然保持必要的「敬畏」，這並非要人們放棄自覺能動的權利，而是對他者表達起碼的關懷。當我們在善待其他生物的時候，其實也是在善待自己。

盜獵者為了獲取熊膽和熊掌，將捕獲到的黑熊囚禁在籠子裡。黑熊每天早上7點45分停止進食，牠們悲痛地哀號，繼而被抽取膽汁。抽取膽汁前黑熊渾身戰慄，甚至小便失禁；膽汁流失之後蜷縮於角落，眼中充滿淚水。這是我們能讀懂的表情，讀後感到非常憂鬱，我們期望的自然本應充滿憨態可掬的河狸、歡暢躍動的羚羊、舉止文雅的仙鶴……以整體的景觀傳遞自然的觀照，但當我們留意動物表情的時候，卻感到別樣的沉重，牠們的目光迷離、悲傷而恐懼。

　　人們對「敬畏生命」的理念並沒有足夠的認識，更願意看寵物的撒歡兒，更在意吃家畜的肉，更樂於以珍稀動物的毛皮覆蓋自身。環境倫理學家施韋澤說：「一個人，只有當他把植物和動物的生命看得與人的生命同樣神聖的時候，他才是有道德的」，這樣的人對「被犧牲的生命懷著一種責任感和憐憫心」，他們的表情一定不是歡樂的。

　　我們應該對自然保持必要的敬畏，這並非要人們放棄自覺能動的權利，而是對他者表達起碼的關懷，表情應該坦然。有一天，我走在大街上，看見對面樓頂的路牌廣告上美麗的上班族動情地笑著，沉浸在其所推廣的產品中。我很關心她的這種笑容跟內心有沒有實質的相應，並認為這樣的創意似乎略顯單薄，同時表現出人們的某種做作，我們是否關心自己笑容的品質？

　　有個朋友曾經很好奇，在他住所前面的街道上，很長一段時間，早晨5點鐘都有一輛驢車準時經過，驢車上躺著熟睡的男人，每天都是他倆——驢拉著坐車的人，按著預定的方向，周而復始地走去，驢和人幾乎都沒有表情，除了因冬冷夏熱而產生的自然反射。我們不能失去表情，正如不能在自然面前為所欲為，無地

止地體驗屠戮的快意。曾讀過的那篇文章中的捕獵者可能感到慶幸，因為自己是「萬物之靈長」，但從道義的角度考慮，他們的靈性早已降格，未必高於他們蔑視的萬物。

邊沁曾期待：「這樣的時代終將到來，那時，人性將用它的『披風』為所有能呼吸的動物遮擋風雨。」動物大概沒有這樣的奢望，牠們只是不希望自己無端地遭遇屠戮，不至於成為人們健康心靈之外的消遣，可是即使這樣低起點的期望，仍然不能得到起碼的滿足。

人們固然不必都成為素食主義者，但應該守持良知層面的樸素，至少不能在無聊的炫耀中表露自己的膚淺，當動物保護主義者投入地表達自己的憧憬時，我們應該讀懂他們的初衷。

8 生死相託的情結

當我們因時間緊迫或能力不足而無法完成某件事情時，往往渴望將其託付於知己，若遇知己不在之類境況，大概只能無奈地目睹機會遠去，因為託付是一件很重的人生行為，不可輕易為之。

無論對託付者還是被託付者來說，懇請與承擔的份量都不輕，劉備託孤於孔明就是明證，譚嗣同慷慨就義前寄望於「兩崑崙」也是如此。我們所能託付者至少應具備兩個要素——有能力且值得信任，被託付者的成功是兩個人的成功，其失敗的苦果也不會一個人獨嘗，生死相托的韻味與這種同船渡海的狀況殊難分離。

在資訊縱橫捭闔之際，朋友間逐漸形成巨大的網路，我們都情願被籠罩其中，成為「網蟲」，朋友的往來已經成為人們社會化整合的重要環節。但生活中的網並不是無堅不摧的，託付的最大失敗並非被託付者失手，而在於所託非人；能力是一回事，信任是另一回事，朋友之間動輒分崩離析的例子並不罕見。在人性叢林中，有些人以出賣朋友為過上富貴生活的唯一資本，為了獲取這種資本，他們竟然毫不在乎每個毛孔裡流出汗血和骯髒的東西，面對利益的誘惑、金錢的吸引，我們總不免要為「朋友」這個名詞的純度擔心，並時常面臨信任的危機，直至有人大聲發問：明天，誰是我們的朋友？

問題是人們終究要將一些事情託付給知己，行走在充滿不確定因素的未來之路上，朋友如珍珠一般可貴。「在家靠父母，出外靠朋友」，外面的世界儘管精彩，卻從來都伴隨著無奈，信任的遠離必然加重這種無奈。

信任不是神話，有個故事可以衡量這種萬金不換的砝碼。

西元前四世紀時，一個古羅馬年輕人皮斯阿司觸犯了暴虐的國君猶奧尼索司，被判處絞刑。身為孝子的他請求回家與老父老母訣別，卻始終得不到暴君的同意。見此情景，他的朋友達蒙願暫代他服刑：「皮斯阿司若不如期趕回，我可以替他受刑。」這樣，暴君才勉強應允。

行刑之期臨近，皮斯阿司卻杳無蹤跡，人們嘲笑達蒙，竟然能傻到用生命來擔保友情。當達蒙被帶上絞刑架時，人們都悄無聲息地面對悲劇性的一幕。突然，遠方出現了皮斯阿司，飛奔在暴雨中的他高喊：「我回來了！」繼而熱淚盈眶地擁抱達蒙，做最後的訣別。這時，人們為之激動得拭淚，國君大為感動，為此對皮斯阿司做出特赦：你擁有生死相託的知己，我願傾其所有來結識這樣的朋友。皮斯阿司和達蒙都是幸運的，經過異常的生死考驗而成為勝利者，這對難得的知己在千鈞一髮的關口生死相依。

在生活節奏紛繁變化的今天，我們未必有如此幸運。一位朋友寫道：「在深夜，我渴望與人交流，翻遍手機上儲存的號碼，卻沒有一個名字適合呼叫。」他的話是真誠的，因為在呼叫之前，不免有對方是否已經入睡之類的顧慮？一位明星在談及心中妻子的標準時說：「從夢中醒來的時候，我可以喚起熟睡的她，兩個人共同陶醉於美夢的世界。」這個標準聽起來不高，體驗起來也著實不易，那是一種可以通達生死與共境界的默契！回首生命中曾駐足的情義，我們腦海中漸次流過直言無畏的諍友、志趣相投的摯友、好言相悅的密友、互誘互利的俗友，試問有多少可

以生死相託？

　　我們渴望信任他人，同時得到他人的信任，這種訴求與成就等值，在某種意義上，能力的價值在於有機會配享信任，而非嫻熟利用他人信任的技能。更何況，失信的機會代價很高，違背道義之舉會得到共同的唾棄，當一個人連知己都要欺騙的時候，我們不知道他還能不欺騙誰？當自覺或不自覺的欺騙者多次陶醉於自己的伎倆時，生活將逐漸失去意義。因為失去真誠，我們的成就無法與人分享，終將感到一無所有；缺乏真情，我們的交往淪為交換，終將無法面對良心！

　　所以，我常在心中重複曾經託付的名字，回味生命中難忘的溫暖：失去你們，我將寂寞乏味；沒有你們，我無法走到今天！

9 流動與靜止的辯證法

　　古希臘哲學家海拉克利特曾言，「一切皆流，一切皆變」，在這個意義上，「人不能兩次踏入同一條河流」。他的學生克拉底魯更極而言之，由於事物無時無刻都在變化，因而，「人一次也不能踏入同一條河流。」前者之說言及事物的變化處於恆定狀態，對人頗有啟發；後者否定事物的相對穩定，被視為詭辯論的代表。無論如何，變化的必然為人們所接受，人們懂得要在變化中思考未知的世界，邁出追問與探索的腳步。

　　當變化的節奏趨於快捷，變是唯一的不變，穩是唯一的不穩，嘈雜瑣碎的變遷時而發生，不動聲色的巨變實乃大手筆，讀懂變化成為日常生活中重要的智慧。感知變化的人們也可能去看《等待戈多》，兩個流浪漢在村路上等待戈多。戈多是誰？有沒有這個人？誰也不知道。那還等什麼呢？荒誕是生活的真實，人生有時候在等待中度過，等待並非絲毫不必要，但不能僅僅等待，至少要在等待的時光中做些什麼？否則，《等待戈多》的主人翁就不是在荒誕中釋放自己的主體，而成為發瘋的精神病人。

　　等待中的思考使人們辯證地理解變化中的存在，克拉底魯式的變化在其所處的時代就已經遭到嘲弄。據說當時有位作家為此編了一幕喜劇，並邀請克拉底魯親臨劇場欣賞。劇中有一位希臘人向朋友借錢，聲稱一個月之後一定歸還，到時間卻違約了。他用這筆錢交學費拜師學哲學，老師告訴過他，萬物皆在變化，「人一次也不能踏入同一條河流」。借錢至今有一個月了，借錢者已不是曾經的借錢者，因而不必還錢。被借錢者十分氣憤，揪其痛打一番。挨打的希臘人起訴被借錢者，要其支付醫藥費。被借錢者用借錢者的邏輯來說明打人無罪，因為打人的我不是現在

的我，現在的我沒有打人，所以不必負責任。劇情不無荒誕，對等待與變化的理解不能走極端，要權衡事物發展的態勢，把握變動的節拍，這樣才能擁有平穩和健康的狀態，領略快樂的人生處方。

「動如脫兔，靜如處子」，「靜」是「動」的前奏和儲備，真正的「動」依託必要的「靜」。處「靜」者應健壯自我的身體，充實自我的精神，充分感知周遭的世界，可以平和疲乏的神經。為什麼很多中年人看起來如同少男少女？究其奧妙，多與健身有關，能否保持青春不老？在於是否領悟到心理養生的真諦？古代沒有如今這般時尚化妝品，女人卻「冰肌玉骨」、「膚如凝脂」、「面若桃花」，男人能貌若潘安，可見修身養性、平和恬淡的妙處；在悠揚的音樂中漸漸放鬆，現代人同樣感到煩惱遠去，愉快緩緩而來。當變動的體驗不順，處「靜」者不妨自嘲，用以寬慰精神。

自嘲的機會很多，比如受到不合理的待遇，遭到別人嘲諷或無端受到攻擊，都可以用「吃虧是福」、「破財消災」的暗示自我調節，找一面哈哈鏡，看著鏡中變樣的自己，以此處世態度擺脫難言的尷尬，做法固然有些阿Q，但是其效果確實可觀。一旦迎來「動」的機會，具有自嘲能量的人往往有抵抗窘境的本領，不必發火，不必指責對方，將自己的尷尬轉化為對方的尷尬，恰當自如地增加心靈保護膜，看起來玩世不恭，實則一舉兩得。

走入變動之中，不能瞻前顧後，很多事情都要當機立斷，沒有時間徘徊、猶豫，答案往往立竿見影。所謂「以不變應萬變」，實乃智者穩中應變，沒有事情是真正不變的，當畏縮不前、猶疑不定成為生活的習慣，人們稱其為被動的應變者，他們可能困惑不堪，可能隨波逐流，失去了個性存在的活力。任何變

動對個體而言都具有獨特的價值,因為很多事情不能重來,即使再次踏入以往曾感受過的河流,如果沒有此前無悔的跋涉,再次感知仍然是茫然的,所有的重複縱使有,也是重新的開始與面對。

更何況,在令人不得不認真審視的競爭舞台,不是大的吃掉小的,就是快的吃掉慢的,焉能舉步不前?法國大革命時的口號曰:「大膽,大膽,老是大膽,法國就得救了!」這句話缺乏必要的謹慎,但對視變化為妖物者,或有必要的啟示。

10　堅持與放下中的人生情懷

　　做任何事情，都不能缺乏堅持的耐力，以免「行百里者半九十」。但對任何事情的堅持都不能沒有理由，很少有人是無所不能的天才，人的生命無論多長久，潛力多深厚，大多只能做一部分工作，展現某種價值，只要生有所為，便不必為很多事情不能感知而羞愧。當遇見力所不能及的事情，感到無法應對事情的難度時，覺得騎虎難下，其實，情形沒那麼嚴重，不必一條路走到底，沒有人逼你不撞南牆不回頭。

　　只要不是動不動就打退堂鼓，若無法勝任某種工作，認輸未必是最壞的做法，把時間安排在擅長的領域，更能展現自身價值。「巧婦難為無米之炊」，對從事何種事業而言，必要的素質和潛能不可或缺，如果不具備起碼的條件，事業的光環即使再燦爛，畢竟也與己無關，過分的覬覦可能誤己。

　　愛釣魚者深知，即使根據水勢和地形找到最佳的垂釣位置，投入魚餌靜靜等待，很長時間內，浮標可能一動不動。重新換個地方，似乎讓人不太甘心，可是眼見西邊的夕陽就要隱去，不如碰碰運氣，運氣可能恰巧改變。沒有人保證換個狀態注定獲得另一種收穫，但生活向來拒絕冥頑不靈，人不能缺乏超常規的思維和冒險精神，有時候確應樹立多元的創意思維，搶佔屬於自己的「第二落點」。

　　某晚報曾刊載一則「幽默」，某地文化館一名美術編輯酷愛藝術，其潛心之作每每寄出都石沉大海，多年來一直如此，令這位藝術求索者感到苦不堪言。大年初一他獨自值班，接到館長電話，說館裡的吉普車在郊外拋錨了，要他馬上趕去幫忙。他焦急

　　做任何事情，都不能缺乏堅持的耐力，以免「行百里者半九十」。但任何事情的堅持都不能沒有理由，當對堅持實在說不出什麼名堂的時候，不妨試著給自己展示堅持的理由。

　　當遇見力所不能及的事情時，不必「一條路走到底」，有時候，懂得放下，也是另一種堅持。

之間靈機一動，請工人用驢子拖車，毛驢拖著吉普車，在路途上昂首闊步，不時長鳴幾聲。路人見到此情此景，都大笑不止。美術編輯突然有所領悟，對準鏡頭拍了這幅照片。後來，他把作品寄到東南亞參加攝影大賽，獲得了唯一的金獎。這則「幽默」匪夷所思——這真是幽默嗎？這僅僅是幽默嗎？

　　生活中的確有無攀樹之能卻執意在一棵樹上摸索的人，在某個領域毫無建樹卻硬撐，一則滑稽，二則令人擔憂。缺乏自知之明，帶給他人的擔憂是雙重的，一是對工作的對象而言，一是對自己來說，外行終歸是外行，如果有存在的意義，也只能是為內行提供反面教材。可是現實中亦有外行極力表現自己而藐視內行的謙讓，其實毫無所得，儘管他們的心態都很健康，但外行的很多「看不見」的舉動卻非常像熊拔玉米，拔得多，走得也急，最後沒做出什麼名堂，一隻猴子只摘了一穗，偷偷地在旁邊吃完了，還在一旁笑牠。

　　當對堅持實在說不出什麼名堂的時候，不妨試著給自己展示堅持的理由，這時的理由往往都不盡充分，問題可能出在程序方面，也可能出在基本素質方面。前者稍加調整即可解決，後者之解決並非一日之功，可能要付出多年的艱苦卓絕的工作，甚至無功而返。如果無功而返可以預知，不如重新抉擇，新店面早開張，或許也能佔據競爭的先機，於人於己都無害處。更何況，有時候舊瓶裝新酒成為流行的時尚符號，堅持以往的文化表達可能被人視為落伍，從而交往艱難，為此應避免落伍的可能，張揚時代風貌，從而在變化的風潮中展示經久的魅力。

　　萬事皆有因緣，遇事應知理由，所有的理由都是行走的路標。路標是本真存在的，在海德格爾看來，「人生就是學校。在

那裡，與其是幸福，毋寧是不幸才是好的教師」。當有的事情不能堅持的時侯，可能意味著某種不幸，但人們可以在其中參悟幸福，因為在人生的學校中學到了何謂真正的幸福，以及通向幸福的路徑和方式，探知處世理由對把握未知的人生大有益處。

選擇堅持抑或轉型，道理同樣如此，從弘遠的意義而言，有時轉型才是真正的堅持，固守一時一事，反映了形式上的堅持，可能並不配享堅持的美名，真正的堅持往往考量長遠的人生境界，給人們提供久遠的生活理由，以支撐不懈探索的腳步。

11 樸實生活的味道

「布衣暖，菜根香，詩書滋味長」，在樸實的生活境界中，我們往往能獲得更接近自身的意義，就如同看似華麗、精美的衣料可能刺激皮膚，不起眼的簡單棉布卻能帶來親切的呵護。這就不難理解，在品嘗過天南地北紛繁時尚的精美菜餚之後，野菜又以其純樸清新的天然姿態贏得都市人的青睞，那一株株退去誇張裝飾的野菜在田地裡清純地搖擺，人們在採掘的工作中天然地舞蹈，漸漸觸及簡樸生活了。

野菜的味道略帶苦澀，比如車前子、蒲公英、薺菜都不如家常菜入口舒適，尤其是蒲公英的苦味就是人們難以享受的。苦有苦的道理，有其對於健康的意義，更何況，還有清香伴隨，可以為平凡的感受提供別樣的刺激。

在某個令人焦慮的午後，我們在市郊附近的田野上體驗挖野菜的樂趣，周圍有很多不約而同的旅伴，大家在樸實的食物上徜徉，感受每個找到目標的瞬間快樂，似乎置身於純天然的心靈牧場。這時候陽光燦爛，人們微笑著打招呼，對目光所及的認識的或者不認識的同路人。這裡不是緊張競逐的比賽場，大家不必顧慮比較工作結果，值得看重的是工作本身。

對於歷史有所記憶的人們從中找到久違的感覺，品味的是雙重的感受，大都是現在對於過去的覆蓋；而對於新新人類來說，樸實的工作令他們感到新奇，似乎類似於置身於超市，身邊有幾輛時尚款的轎車，從中走出對於野菜的外表還不熟識的人們，他們拿著精緻的工具，卻可能把野草裝進口袋，偶經專業人指導之後，漸漸步入正軌。間或有長者講述著曾經的歲月，講述野菜在當年對於他們的意義，他們也許還不知道，如今野菜在都市酒店

的售價不菲，「物以稀為貴」，都市的綠地鮮有野菜的身影。不同的時代帶給人們的是不同的心情，在急切地滿足溫飽與穩步地邁進小康的清晰對比之中，後者的感受更加豐富，因為畢竟用平靜的心態領略野菜的精神意義，讓人們在漸漸整合的多元快樂的瞬間擺脫可能降臨的焦慮，回歸簡樸的自然，平衡節奏快捷的奔波。

有很多童稚的聲音夾雜其中，與自然無拘無束地交流，田野成為天然的課堂，可以暫時放開看圖識字本、音樂簡譜、舞蹈筆記……大自然為孩子接受知識、領略天籟、悠然起舞提供了高品質的藝術條件，他們的父母看著田舍放養的活力四溢的雞群，漸漸領悟到幾分使孩子茁壯成長的元素——溫室的花朵經不起風吹日曬，因為缺少自然力。

漸漸放鬆那根根纏繞著孩子的愛的繩索，可以讓孩子看到渴望的天地，就如同蒲公英的媽媽把自己的孩子交給微風輔導，讓孩子真正獨立地生長。這時耳邊竟真的聽見有孩子在問：「蒲公英的媽媽到底在哪裡呢？」

這個似乎不容易回答的問題充滿哲理，讓人們在野菜悠然的午後陷入沉思，物質食糧開始展示精神的意義。野菜的採掘為人們提供簡樸的生活智慧，摒棄任何刻意的包裝，讓真實的自我漸漸回歸心靈。在擺脫焦慮的瞬間，田野上的人們真實地感到：其實有種時尚叫樸實。

人們採掘在陽光中搖擺的野菜，已經不再出於滿足溫飽的需要，而是對樸實生活的回味與時尚體驗。追求樸實的生活方式越來越成為當代人的文化自覺，因為「說著言不由衷的話，帶著偽善的面具」使人們愈益疲憊而終無所得，人們在忙碌中與自己渴望的生活相背離，為此感到很「煩」，找回本真的自我是遠離

「煩」的重要路徑，人從自然中走來，對本真的領悟不能夠缺失自然的意境。當人們為吃餐桌上肥膩的魚肉會變胖而不安的時候，當人們為市場上的蔬菜是否存留農藥而頗為憂慮的時候？當人們為時尚生活的花樣有限而略感乏味的時候，市郊的綠地是頤養身心的一種選擇，在採掘野菜的工作旋律中，周圍的身影暫時作別了本真之外的差別，人們成為休閒生活的合唱者，一切自然而然。

恰如馬克思所言，大自然是人的「無機的身體」，無論人們有機的生活多麼豐富，都不能忽視「無機的身體」的健康，當陽光燦爛的時節，不要忘記充滿綠意的野菜與暗香飄浮的野餐。

12 以哲學的方式讀懂生活

　　智慧乃哲學所愛之物，使智慧靈動起來須借助哲學思考，人們在生活中總要經過思考呈現智慧，這種思考當然基於生活經驗，但對經驗智慧的把握，並不意味著沉迷於瑣屑的日常體驗，現實中孕育著理想，理想終究要回歸現實。超驗與經驗的智慧恰可對應到理想與現實的過渡，無視現實的理想是空想，無視理想的現實意味著麻木與沉淪，只有在對經驗世界的完善中探求超驗的可能，才會獲得提升自我並推動社會發展的契機。

　　生活的哲學境界反映了人們對經驗生活是怎樣與應當怎樣加以思考的智慧積澱，「不經歷風雨，哪能見彩虹」，哲學不論探求如何高遠的境界，都應該經受生活的考驗，在逆境與順境的更迭中改變世界，做出有益於時代並使人們獲得幸福的思考。

　　價值沉思的境界並非不食人間煙火的精神漫遊，而是使人們能以哲學的方式讀懂生活，哲學回歸生活，如同遊子返回家園，無論具備多麼富有時代感的知識，他的回憶中都無法抹去母乳與眠歌的畫面。哲學境界為人類提供超越的啟示，但不會忘卻成長的歷程，它的超越無法離開生活的基點，人們對哲學的青睞正緣於此。

　　當戰爭的陰影使人們遭受生命威脅時，當生態的破壞令人們產生憂慮時，當對經濟利益的追逐衝擊了價值底線時，哲學思考不應該缺席，哲學研究固然不同於時事評論，但哲學家不應在書齋中貌似安靜地思考生活之外的世界，沉湎於「白馬非馬」之類詭辯的遊戲，而應在關鍵事件面前表現智慧地把握時代的能力。

　　價值沉思的哲學境界當然倚重哲學超驗和經驗的視角，兩種視角並非對立的存在，它們應該從對方的智慧中讀出自己的缺

陷。思考不能缺失境界，也不能在原地打轉，更不能將日常行走演繹成踩高蹺，如果將思考加以藝術的定格，偶爾踩高蹺是必要的，或許可增添節日的喜慶，展現文化品味，但不可能成為生活的常態。哲學的視角應該簡約深刻，真正面向大眾講述哲學絕非輕易之舉，這不僅因為通俗地說出深刻的道理極見哲學家的語言功力，還因為庸俗和通俗有很大差別，所以，價值沉思生長在生活土壤中，其參天的高度與扎根的深度等距。

　　生活的哲學境界之確立須借助於哲學研究，哲學研究表現為無止境地追問，其思考是提高生活境界的切實路徑，縱觀人類思想史，不考慮人類命運與時代精神的哲學不可能得到認可，也不可能在人類生活實踐中確立根基。

　　價值沉思不能離開日常生活，即便思考超驗的神話也是如此，儘管超驗的神話中的場景都是在日常生活中所不可能經歷的奇境，但所有的場景都能夠為人們所感知，無論是女媧補天，還是孫悟空大鬧天宮，神話蘊含的道理都是人類的智慧能夠把握的。哲學具有一定的預見能力，能夠言說當前事物的發展前景，而不是天外來客的發明，它源於人們提升生活狀態的美好願望，在日常生活中思考改變現實的辦法，繼而達到理想的目的。凡事之所以要「三思而後行」，就在於想法要盡可能吻合現實生活，企及智慧存在的價值。

　　從生活對哲學的認可與哲學對生活的審視角度看，價值沉思的經驗與超驗視角內在融通，人們對生活的解讀反映了哲學的存在，人們對哲學的研究是在日常生活的經驗中映現的，哲學與生活在實踐中統一。哲學是人學，即以人性及其實踐為研究內容，人們對宇宙的整體思考正是從其對人的意義角度著眼的，而生活是人的生活，缺失實踐主體的荒野絕不能成為生活本身，哲學與

生活從理論與實踐層面反映了人的活動及其限度。

　　哲學與生活都不能離開人，人在哲學沉思與生活實踐中確立自身的存在，哲學對生活世界的審視與生活對哲學沉思的冀望都是人的生活情態，人對生活的解讀及其對生活的超越，是從生活與可能的生活角度確認的「二重化」境況，即人一定要扎根於生活世界而探求可能的生活，人的「二重化」從根本上反映了人性的超越，超越是理解人與讀懂生活的關鍵字。

13 平凡命運背後的責任

很小的時候，學校的牆壁上掛著很多名人的照片，有牛頓、居里夫人、達爾文等，夾雜在其中的一張很特別，是一個滿臉鬍碴的白髮老人，以一種哀傷的眼神傳達難言的痛苦，照片下面有簡單的註解，第一句便是：「愛因斯坦，二十世紀偉大的科學家。」在多年前的一次作家聚會上，聽詩人李琦講述有關這張照片的故事時，她說自己的女兒第一次看到愛因斯坦的照片時竟問她：「這個老爺爺為什麼哭呢？」詩人被震撼了，繼而凝思良久：到底是什麼使這位為人類文明做出巨大貢獻的科學家如此悲哀？

詩人後來讀到為愛因斯坦拍照的攝影師的回憶文章，原來，愛因斯坦是不願拍照的，攝影師費了很大的氣力才得以進入他的工作室。那天，工作中的愛因斯坦忘記了拍照，他抬頭的瞬間，哀傷的眼神近乎絕望：「你相信將來會沒有戰爭嗎？」攝影師不知如何回答？站在那裡不知如何是好？後來機械般地按動了快門。這張照片拍出了愛因斯坦的靈魂，這個發明了相對論的科學家沒想到，自己發明的原子彈竟破壞了人類的和諧與安寧，為人類的和平造成物質層面的威脅，他要承擔道德層面的責任。

我們常為做錯事而道歉，為沒有給社會做出重要貢獻而慚愧，而愛因斯坦為未來缺少和平而承擔責任，是何等的力量，竟然把人塑造得如此偉大崇高？「比海洋更遼闊的是天空，比天空更遼闊的是人的心靈」，愛因斯坦以遼闊的心靈包容未來，不斷提醒我們記住自己是世紀的公民，具有不可推讓的崇高責任。愛因斯坦的遺憾至今仍在延續，人類自誕生以來，似乎就沒有中斷過戰爭，儘管也有基於和平願望的談判，但並非所有的談判都有

　　戰爭的代價讓我們看不到贏家，因為真正的征服絕非基於武力的強大，對侵略的頑強抗爭未必不是通向勝利的執著表達。

　　如果擁有一份寬容的心態，很多衝突是可以透過這戰爭之外的途徑解決的。也許我們缺少的，正是和平、寬容的一種對話方式。

樂觀的結果，當談判失敗時，戰爭隨之而來。戰爭的代價是讓我們看不到贏家，因為真正的征服絕非基於武力的強大，對侵略的頑強抗爭未必不是通向勝利的執著表達。

影片《拯救雷恩大兵》展示了戰爭中平凡的命運，從受難者角度追憶歷史，試圖找尋生命的意義。被染紅的海水拍打著礁石，諾曼第登陸之戰屍橫遍野，導演沒有渲染壯烈的畫面，生活在和平年代的觀眾感到不熟悉的恐懼和對生之留戀，失去兒子的母親緩緩地倒在地上，米勒上尉流出沉默的軍人淚……令人動容的鏡頭將傷逝展示在觀眾面前，導演審視戰爭的理性目光透過米勒的視線達到情感的昇華：在和平之境有價值地活著真好！凝重的電影語言以獨有的魅力感動觀眾，令遠離戰爭喧囂的人們靜靜地思考生命的意義，每個戰死在歐洲戰場的美國士兵背後，都有一位憔悴而傷心的母親，這正是影片的宗旨所在：戰士無法拒絕戰爭，但很多事情畢竟可以透過戰爭之外的途徑解決，當對話與交流可以消弭戰爭的陰影，我們何必堅持對立的姿態？

類似的影片還有很多，比如一位薩拉熱窩的老人，希望孩子們「活到戰後去享受和平」，他冒著危險到教堂「接洽」，然後被數發子彈擊中；比如《美麗人生》的主人翁為了讓妻子和孩子「活到戰後去享受和平」，編造了一段美妙而富有戲劇性的情節，不諳世事的孩子在父親導演的競賽中得以存活。這部影片如今已作為心理輔導的樣本在大學課堂介紹，主人翁開朗的性格令人欣賞，更為重要的是，情感伴隨著生死的主題穿越時空，其意義「是所有問題中最亟需回答的問題」。人們在溫暖的時光悄悄地提醒自己：好好活著。

人們將銜著橄欖枝的白鴿視為和平的使者，將白鴿的放飛視為和平交往的象徵，無數的文藝作品以不同的風格表達共同的追

問：「人們為什麼要打仗？」羅伯特・卡帕在生命最後一刻拍攝的鏡頭，不僅傳達著一位優秀戰地記者的生活方式，同時以生命的代價告訴人們這種生活方式背後的無奈。

人類的文明觀念能否經得住考驗？面對這樣的質疑，鄒廣文教授做出的回答是：「人類只有清醒地認識到在這個星球上不同文化形態日益互相依賴的處境，樹立人類命運共同體的意識，最後才能拯救自己。」

14 尊重不同生命的價值

在我曾經生活過的都市，有個男孩在家門口撿到了一隻垂死的貓頭鷹，精心養活後，將牠送到了該市動物保護中心，本來這件值得提倡的環保益事已經結束了，貓頭鷹有機會重返自然，感受人類的關懷，誰知故事有了令人不愉快的後文。一段時間之後，男孩再次到這個動物保護中心來看望心愛的貓頭鷹時，竟發現貓頭鷹還被放置在原地，因為無人照料而死去，牠直挺挺地躺在那裡，引來很多蒼蠅……

事情無獨有偶，據說21世紀初，某動物園3年內死亡動物高達1200隻，該動物園負責人的解釋是，這裡的動物因為近親繁殖，對疾病的抵抗力普遍比較差，而資料顯示，動物死亡的真正原因主要是飼養環境的惡劣。且不說動物園是否存在管理不善的事實？按不太科學的方式類比，老師虐待孩子的事情亦曾見報章雜誌，要求動物園的工作人員如同愛護孩子那樣愛護動物恐怕不容易。

我們能見到供人玩賞的熊樂園、鳥樂園、水族館，可是究竟有多少人能想到？很多曾經翱翔天際的雄鷹如今失去了展翅的空間，很多曾經健步如飛的老虎如今在焦躁地踱步，很多曾經自主選擇伴侶的動物不得不接受人工繁殖的現實，並糊裡糊塗地忍受近親繁殖帶來的一切。我們就這樣愛動物嗎？人類就這樣保護動物嗎？一個不能忽略的事實是：全球生物滅絕的速度已高達每天10種，其中有許多人類無緣認識的物種已經死亡了。

在日常生活中，人們總喜歡逗弄自家抑或鄰家溫順的寵物，籠養畫眉喜鵲，儘管人們知道這些失去自由的動物的結局不會美好，但還是樂此不疲。也許人類的初衷是真誠的——源於對動物

的「愛」，以自己的方式接近對方，並認為這樣的方式一定會被對方接受——這種真誠對於動物而言無疑是一種災難，人們觀賞動物的行為和保護動物的結果相距太遠。更何況，我們也許還不能忽視那些生意熱絡、提供滋補菜餚的野味餐廳以及路邊燒烤店的籠子裡那些目光迷離的鴿子。

有一家瀕危動物養護中心，樹立著世界上唯一的一座動物死亡紀念墓碑，銘刻著物種滅絕的具體時間與真正原因——作為人類社會發展的代價而為人們所認識的汙染已經無處不在，我們不得不承認，人類在生物圈中的角色顯得很尷尬。人們若真想親近動物，就應該與牠們平等的相處，至少不能經常打擾牠們的生活，破壞「萬類霜天競自由」的自然之境，更不能忘乎所以地在生物界做一個胸無點墨的君主。

有一部科幻電影曾有一段這樣的情節：未來的人類被更高等的靈長類動物抓進籠子，然後被一群更高等的生命們圍觀、挑逗，卻無法逃脫。這個假想未免有些荒誕，但至少還有另一個可信的事實：當地球上最後一隻老虎在樹叢中孤獨地尋找伴侶，當最後一隻蒼鷹因沒有留下後代而失望地鳥瞰大地，當揚子鱷的最後一聲哀鳴在沼澤的上空迴盪……人類，也就看到了自己的未來！

在當今時代，關乎人類未來發展的倫理境遇值得重視，人與人、人與自然以及人與社會的關係同樣重要。人是不是動物？這是看起來容易，回答起來卻並不容易的問題，人或者「一半是天使，一半是野獸」，人確實是高於動物的存在，但人之高的原因之一恰恰在於其具有表達人文關懷的能力。世間的諸多關係並非孤立的，人對動物表達的關懷反映了人之本性所在，當對動物的關懷令人不忍卒讀時，人性問題不得不令人憂慮，在這個層面

上，人對人的關懷未必不是問題。因為人畢竟有野獸的一面，當野獸意義上的人面對另一個類似自己的存在時，人的問題就變得棘手。

　　人之生成在於使自己盡可能並且遠離動物性，但這種遠離並不意味著拒斥、傷害、虐待動物，而表現為對動物的愛，人與自然的關係當然發生在人與自然之間，但其結果卻影響人與人的關係以及人與社會的關係，看似環境問題得到了重視，實則重視人類未來發展的長遠問題，什麼樣的環境對應什麼樣的人，不同的人有不同的思路和方法，繼而呈現不同的境界與情懷。

15 流動的時間和人生的使命

我們在時間中存在，作為衡量生命的尺度，時間綿延人生的意義。時間看似確定，實則具有不同的張力，對時間張力的體認因人而異。影片《鐵達尼號》在演繹愛情的同時，浸透著深刻的生命主題：珍惜生命的每一天。「驕傲無知的現代人不知道珍惜」，實在令人遺憾。時間驗證生命的品質，80歲的老者不一定比18歲的青年理想高遠。張愛玲曾真誠地說：「出名要趁早啊！」這句話在當今時代已成為很多初試人生者的座右銘，把握每天的體驗與思考，當能超越空泛，抗拒虛無，並深刻活著所應具備的價值。

在生活節奏日益加快的時代，若仍然背誦「明日復明日」的歌謠，極易因負擔累積而無所作為。面對枯燥乏味的工作時光，人們可能感到沒意思，在「怎麼都可以」的混沌中度過寶貴的時光，不知「春宵一刻值千金」，抑或在對機會無休止的等待中日益衰老。等待有時候不可避免，因為「羅馬不是一天造成的」，等待可以讓人們閉目養神、恢復體力、集中精力；但等待是有期限的，漫長的等待往往是應該起步的提示，詩人說，「夜已黑，是我們啟程的時候了」，歌唱道：「夢已經醒來，天亮就出發」。

珍惜生命必須珍惜時間，珍惜時間未必意味著珍惜生命，每天給自己上緊發條，憧憬成為「睡眠駱駝」或者能夠服用「免睡膠囊」，這種對時間的珍惜是以透支生命的方式展開的，期期以為不智。「時間就是金錢」，這是對浪費時間者而言的，對過於拚命的人們來說，時間比金錢有價值得多，珍惜每一天的前提是增強內心的力量，保持心理平衡，勞逸結合，有張有弛，從而實

現自身的超越。在這個意義上，人們對時間和生命的態度往往展現智慧與否，有時看似不負責的行為反倒映射出對人生的負責，「欲速則不達」，這是生命的辯證法。

時間在流動中存在，站在交流道上看快速行駛的車，它們都像卡通片裡的電動玩具一樣移動，車上標記著各種顏色和型號妝點的品牌。欣賞這樣的場景最好選在晚霞降臨之際，淡雲深處是落日的顏色：一種悲壯的美，火一般不可遏止地鋪張開來，直抵幾乎同樣顏色的心靈，遠方那團燦爛的火紅，將生命最後的美灑在大地上，映紅了孩子的臉、青年的情、老人的心……置身於其中，人們覺得自己成了一道彩虹。但生活在都市裡的「虹」們似乎忽略了自己的存在，正如我們每天都在走路，因為習慣而忘記了這其實是非常美好的前進方式。

緊張的現代生活中，很少有人抽出時間欣賞太陽的東升西落，人們激情地奮鬥，忘我地體驗增值所產生的快樂，可是世界上任何一個角落都會有美麗的夕陽：活著，就需要溫馨的細節；珍重這些細節，才是珍惜生命。

時間滴答著流動，人們在品讀自然之美的時候，胸中跳蕩著生命的韻律。對生命的珍惜有時要回歸自然，比如在市區的廣場買麵包屑餵鴿子，閒暇時去西藏、九寨溝、桂林……人們無時無刻都可以回歸，只要珍惜即將流走的時光，正如落日燃燒著隱退，星星閃爍著節奏，當太陽明天升起時，我們清楚地知道，自己按哪一種韻律奔跑。

珍惜生命每一天，也證明了生活的能力，充分利用時間的人往往是強者。在計畫並實踐既定的理念之後，不妨為自己烹一碗心靈雞湯，讓精神上繃緊的弦有個鬆弛的機會。嘗試創造自己從未經歷過的美好，讓不可能成為可能，在沒有操控與被操控的生

活裡，一切開始溫暖，生命成為詩意地享受的載體，推動者完成精神的使命。

誠如賀麟先生所說：「做人有了做人的使命，人生就有目的、意義與價值。」不智地佔用時間與無聊地浪費時間之所以不能珍惜生命，在於缺乏「做人的使命」，人生變得沒有「目的、意義與價值」，失去提升人性的動力，的確令人遺憾。超越的前提是認真思考自己想要什麼與能做什麼，以及所要與所做的路徑或方法，這樣才能實現每一天的人生價值，擁抱每一天的生命朝陽。

16 紅色年代裡的人性力量

　　在著名爵士樂《I've got you under my skin》的旋律渲染中，走進影片《紅色戀人》，主人翁佩思的美式英語引領觀眾回到西元1930年的上海，感受一場特定年代的浪漫而悲涼的愛情故事，傾聽一首浪漫革命者的人性詩。《紅色戀人》在弘揚革命英雄主義的同時，突出了革命者浪漫而執著的人生風采，把握了基於人性的愛和死的永恆主題。影片富於神祕感的哲理、驚心動魄的情節、豐富的銀幕效果，都在闡釋著創作主題是：革命者首先是人，而且是有理智有情感的完整的人！這樣，愛情作為人性的力量，使影片呼喚革命浪漫主義的回歸。在這個意義上，越是試圖使自己的角色平凡，越是能夠發掘英雄身上的普通人性，主人翁的內容越變得複雜，在特定的革命生涯中走過了激情的心路歷程。

　　《紅色戀人》力求淡化情節，不強調敘述的完整，而著意情景的視覺感；不求思維明晰，而求感覺準確。「女人是軍人生命的太陽」，軍人是人，同樣，革命者也應該是活生生的完整的人，他們因為懂得愛而值得愛，其形象不應該被抽象成缺失個體靈魂和個性血肉的符號，革命年代的愛情不是緊張戰鬥的輕鬆插曲的代名詞，而是執著生活追求的目的本身，是藝術家心目中的女神，是人類美好的天性！該片無論在腳本立意上、藝術呈現上還是情調創意上，都有獨到的藝術理念和個性追求。影片一開始牢牢地抓住觀眾的審美情感，使之欲罷不能，觀眾只有看到情節延伸的結果，才能感到滿足，達到這樣的觀賞效果，與匠心獨運的藝術品質分不開。這裡有創作者的情感澆鑄，有其對可歌可泣的歷史執著的痴情，劇中人物的情感性質、色度和音樂感對象化

為人的情感寄寓，獨到而頗具藝術感染力。

《紅色戀人》把朋友之情、愛侶之情，甚至廣泛的革命人道主義之情渲染其間，它縮減了兩個時代的文化反差，精心營造了距離與美的和諧，導演葉大鷹「喜歡拍浪漫的故事，喜歡唯美的東西，希望有更多的機會，用相對來說是古典主義的東西，表達自己對電影的了解」。他使觀眾獲得了樸實的藝術感覺和欣賞視角：電影創作的重心應該是人，不應該單純地回憶歷史和事件，藝術創作應該投入更多的是對故事所處的特定歷史時代的人的理解與關注，繼而找到時代的共鳴，真正理解「人是多麼了不起的一件作品……宇宙的精華，萬物的靈長」的熱情讚頌。

與日常生活中綻放的愛情相比，革命者的愛情可能更令人感動，因為處境的艱難與時空的限制增加了愛情進展的難度，萃取了愛情的純度，因而加重了愛情的份量。一度沉浸於悲情故事的清代詩人納蘭性德說：「心字已成灰。」「心字」是一種燃燒的香，又彷彿心中的字化蝶而舞，於曼妙的時刻芬芳時空，換言之，「無情不似多情苦」，動情之人都是有「心」的。情愛的幸福程度基於對幾乎無法完成的事情沉浸的深度，這種沉浸在時間之中完成，在這個意義上，情愛的意義遠離平庸，趨近超凡的生活體驗，其本質是對超凡理念的領悟。正如瓦西列夫所說：「真正的愛情就彷彿是在理性和非理性的迷離交錯的小徑上做的富有浪漫色彩的、神話般的漫遊。」

在紛紜而曼妙的期待中，激越的真愛淡然地滿足詩意述說的情懷，它看似平淡，實則以堅韌的性格傳遞溫暖，演繹不老的傳說，它是生活世界的神話，時刻提醒人們，有很多超越現存世界的事情值得期待，更值得體驗。

在這個意義上，我們注定在愛中繁衍，將並蒂的蓮花種植成

一道茁壯的風景，將超越的追求融入平靜的體驗，默默醞釀詩意的生活主題，以真誠的激情照亮情愛前方現實的荊棘，也只有愛著，我們方能獲得生活的意義，在使愛更廣博的過程中，確立感知人生的價值根基。

17 尋找丟失的傳統文化氛圍

中秋節是傳統文化佳節，是前工業時代恆久的和諧記憶，是那個時代人們恬靜心情與自然的和諧融合。小時候過中秋，在院子裡一邊賞月一邊吃月餅，感覺其樂融融，長大後，賞月的院子早已被高樓覆蓋，樓房居住的人們在周圍找不到開闊的地方，中秋節的月光也是朦朧的。在某種意義上，高樓林立的都市造成賞月、憶古詩、聽傳說氛圍的消逝，何以如此？因為工業社會的物質財富和生存境遇逐漸被量化，人們在奔忙中有時候竟然忘記求索的目的，對精神生活的要求似乎淡化了。

賞月與團圓營造了前工業社會的溫暖記憶，也是工業時代不能丟失的文化符號。工業社會使人們審視生成中的自我，成為擺在人們面前的「心理學」，但工業社會的問題並未隨其發展而消逝，環境汙染、生態危機、公共健康問題逐漸困擾人們的心靈。

當秋日的晴朗不為人留意，賞月成為記憶的符號，人們對工業社會的弊端的沉思則日益增多。後工業社會基於對工業社會的批判，以知識為中軸，此舉亦反映到過節的態度上。個人以知識的方式過節，目的在於追求自由發展，享受休閒時光，這種方式以文化涵化的姿態融合並保持各文化的優勢，既認同傳統意義上的家庭團圓，亦謀求多元文化的交流，既非對西洋節日有多麼關注，亦非對中華傳統節日有多麼淡漠，此乃文化融合的態度與休閒時光增多使然。

誠如異域的中餐做法加入西餐的元素，中國人過西洋節日節也加入了自己的方式，年輕人只是希望在過西洋節日節的過程中追求時尚格調，比如發送充滿溫情的訊息、快遞美麗的鮮花，這樣的方式比較簡約，也適合現代社會。

近年來，不乏學者對過西洋節日節表示擔憂，恐其影響中國人對傳統節日的態度，其憂不無道理，但年輕人之所以對傳統節日有些淡漠，原因不在於對傳統節日的排斥或傳統節日與西洋節日節存在衝突，而在於傳統節日的過法缺乏個性特徵，現代人願意在節日盡情享受休閒時光，何以能享受這樣的時光？舒展個性自由。月亮的陰晴圓缺之所以對現代人的影響越來越淡，道理並不複雜，人們在繁忙過後缺乏賞月的個性表達，因為傳統節日的繁冗使過節成為很累人的事情，對待這個問題的積極態度是謀求傳統節日與現代社會的融合，在？其文化價值的基礎上，改變不符合現代生活的形式，使其與西洋節日節一起成為人們休閒生活的選擇。

　　對節日的重視，反映了現代人的個性訴求，因為節日意味著放假時間，把握自由時間可以為約定俗成所限，也可以有張揚自我的選擇。審慎節日的時空內涵，可以增進對現代生活的理解，人們對時間與空間的把握開始嘗試走出傳統規範。從生活形式與內容的角度衡量，人們對內容更為看重，形式如果不能有益於內容的充實，則可捨形式而求內容，排場不再成為人們最看重的存在，因為不夠簡約。簡約之所以被看重，在於其以低成本追求高收益，排斥浪費之類的講究，看重生活的本來面目及其可能愉悅人們的因素，對傳統節日也逐漸有了新的過法，對團圓有了新的理解，在這個意義上，朗秋明月仍然具有美學特徵。

18 活出人生的真性情

　　楓葉紅透的秋月如火一樣燦爛，楊柳豎起了淡黃的耳朵，聆聽遠方的雷鳴。秋楓外一片寂然，秋楓裡有許多眼睛，遠山紅遍了，一株株燦爛的秋楓憑著壯麗的英姿、搏鬥的靈性真實地呈現給世界一片濃濃的光暈，在暴風驟雨中昂揚地生長，在和風細雨時輕柔地棲息在秋的枝頭，不屈不撓的攝人魅力展現著自然的共用與和諧。當瀟瀟秋雨緩緩飄落，秋楓執著地述說生命的表白：堅強是一種品格，苦難是一種豐收。在蕭索的季節，不乏惆悵者搜索枯腸以譜就悲歌，我卻熱中火一樣的勇敢，鍾情於成熟的秋色。

　　秋天的最後一片葉子屬於楓，秋楓裡，許多眼睛亮了！因為它們清楚，即使沒有轟轟烈烈地輝煌，畢竟真真實實地存在，每一季燦爛的秋楓都擁有奮鬥者的驕傲名字，無論在何時，它們都精神抖擻地面對陽光，挺拔生命的本色。烈風中，它們迎難而上；暴雨裡，它們無所畏懼，只要還有滋潤心田的秋雨寧願停留，只要還有「愛博而心勞」的園丁寧願停留，只要還有靜觀人生的智者寧願停留，一株株秋季的秋楓便永遠燦爛。堅忍的精神擦亮了秋楓的眼睛：一株株秋楓扎根於泥土，萬株競相爭豔，紅透在香山頂。

　　秋楓的挺拔給人以不俗的生活啟示，在超越坎坷的進取過程中，關鍵要有背水一戰的勇氣，只要堅信道路存在的必然，就一定能夠創造奇蹟。人生沒有過不去的關卡，世上本沒有路，有了人，也就有了路，路的方向由人的目標來決定，切不可處於猶豫不決，徬徨而無所得。

　　秋楓的挺拔乃精神的象徵，從體積上觀察，它遠不及參天的

巨樹，但它擁有與巨樹同樣的生命力量，何也？自強不息的意志使然！「開弓沒有回頭箭」，當我們啟動人生的馬達，就要勇往直前地奔往目的地，其間不可能一帆風順，人生理想越高遠，遇到的坎坷就會越多。人生並非漫長的過程，據說，人的極限生命長度是一千年。很長嗎？很長。但是，跟宇宙的運轉比起來，一千年如同白駒過隙，更何況，人還很脆弱，旦夕禍福的事情很難把握，因而必須充實生命的每一天，只有馬不停蹄地奔跑，才能降低遺憾的指數。

秋楓的生長是真性情的表達，周國平先生說：「我從來不把成功看作人生的主要目標，覺得只有活出真性情才是沒有虛度了人生。所謂真性情，一方面是對個性和內在精神價值的看重，另一方面是對外在功利的看輕。」當人們活出了真性情，自然而然地抵達某種意義上的成功，外在功利皆如同浮雲，只有個性和內在精神價值才是人們應該認真秉持的生活尺度，當兼顧他人性情的文明行為遭到傷害時，人們有權利勇敢地表達自己的精神需求，執著拓展夢想的領區。

生物學家費伯赫的實驗耐人尋味，他讓毛毛蟲繞著花盆圍成一圈，花盆裡是牠們愛吃的松針，毛毛蟲沿著花盆不停地打轉，七天七夜後終因飢餓疲倦死去。生命的脆弱令人震撼，是因缺乏未來世界的願景而漂泊，還是沿著可行的軌跡達到彼岸世界，值得人們深思。

秋楓的挺拔就有這種人生意味。我們應該保持長久的毅力，百折不撓地迎接生命的春天，在狂風怒吼時，不妨如海燕一樣高歌：「讓暴風雨來得更猛烈些吧！」不必顧及海鷗、企鵝恐懼的眼神；當春暖花開的時候，別忘了曾經有過寒冷的季節，沒有那段時間的孕育，不可能有今天的成熟。

　　因此，勇士慣於苦中作樂，他們始終挺起不屈的脊梁，其卓然的器度令懦弱者汗顏。

19　愛自己與愛他人的平衡

交往是人豐富自身的重要途徑，因為人之為人，必然要在擺脫孤立境遇的過程中走向成功。人在交往中常願表現自我，惟恐被人輕視，展示可能出自客觀實在，也可能源自空中樓閣，比如在吹牛的言論中感到心情舒適。吹牛的人按說也有目標，而且這目標美若海市蜃樓，阿Q就是這樣，「想什麼就有什麼」，牛皮吹得鼓鼓的，憨態可掬，但什麼都不做，目標沒能實現，卻鑄成了很多遺憾，只有寄託願望在二十年後成為一條好漢。

吹牛的人往往令人鄙視，被視為是井底之蛙，看似高不可及的目光實則短淺。聰明的人向來不吹牛，他們知道實在的意義，沒沒無聞地達到吹牛者豔羨的境地。本來，王小二和李小三從小一起長大，李小三成了市長，王小二很激動，他對別人說，市長小時候跟我一起玩泥巴。實幹出菁英，李小三埋頭苦幹的時候，王小二在夸夸其談；李小三在苦讀詩書、感悟世界的時候，王小二還在夸夸其談；李小三成為了市長，王小二開始感慨，市長小時候跟我一起玩泥巴。在市長面前，王小二絲毫不臉紅，並尋找下一輪的聽眾，享受讓更多的井底之蛙仰視的滋味……生活不是小品，但冷幽默層出不窮。

吹牛的人往往沒有控制力，直至吹破牛皮的一刻，才有丁點兒的悔悟。探究交往產生深層障礙的原因，在於對自我的愛超過大眾承受力，使自己陷入孤獨的境地。自戀者將愛發展到病態的程度，但愛自己不是自戀者的專利，健康的人愛自己的同時也愛別人。過於愛自己而忽視他者，曾被詩意地描繪為「各人自掃門前雪，不管他人瓦上霜」；自己富有而對別人的貧窮視若無睹者被描繪為：「朱門酒肉臭，路有凍死骨。」對金錢的愛是萬惡之

　　交往是人豐富自身的重要途徑，因為人之為人，必然要在擺脫孤立境遇的過程中走向生成。而愛自己也愛他人，「與人方便，自己方便」，正是交往的初始底線。

　　自戀者病態的「自愛」好比一個籠子，在囚禁了自己的同時，也阻斷了愛別人的可能。

源，在這個意義上，當惡反照我們身上時，應該何去何從？

據說在英國流傳一個故事：

有個受人尊重的老太太打算把祖傳的別墅賣掉，這座富有歷史意義的別墅實在獨特，霎時間，賣別墅這件事成為人們議論的焦點，每天都有不少人絡繹不絕地來跟老人談價錢，由於競爭激烈，房價炒到了近三百萬英鎊，可是老人還是不置可否。大家都很納悶，老人到底有多大胃口？幾個月過去了，一個年輕人輕輕走到老人面前說：「我只有十萬英鎊，但是，買了這座別墅後，我邀請您跟我一起居住，我來照顧您的飲食起居，我會像您的親生兒子那樣對待您，直至您生命的終點。」老人微微頷首：「年輕人，我們成交！我十分高興能接受你的邀請！」

人們終於明白了老人的等待。人與人之間有時候未必只看重金錢關係，電視劇主題曲唱道：「一個情字活一生！」儘管缺乏理性的考量，卻說出一種心聲，很多時候人與人的關係很奇妙，一些微小的情緒，卻使原本可能融洽的交往出現障礙。

愛自己也愛他人，而且首先滿足對自己的愛，「與人方便，自己方便」，這是交往的初始底線。我們周遭還有忘記愛自己的人，他們是我們引以為榮的楷模，楷模不是普通人，他們的行為可能沒有普遍意義，但值得人們推崇，一般人覺得那個水準高不可攀，那就收好自己的底線。即使不高尚，也不應該齷齪，至少行為不能損害別人的利益，存心給別人麻煩者也甭想過好日子。「只要人人能獻出一點愛，世界將變成美好的人間」，道理非常簡單，但很多人就是忘記簡單的道理，而以自己複雜的邏輯拉遠彼此的距離，實在得不償失。

20 孤獨與冥想的精神意境

　　如果不是人格齷齪或思想貧乏，孤獨往往源於人的卓越，勇敢、美麗或有壯志的人都可能孤獨，正如哲學的嚴肅必然拒絕平庸，不媚俗、不無聊而善於反省的人總要承受沉思帶來的重負。孤獨並不意味著生活世界與日常交往的暫時停止，孤獨的存在是生活現實，其思辨旨趣指向精神境界，我們渴望的智慧更容易在孤獨產生的寧靜中產生，經過漫漫長夜冷靜思索的人一定有執著的內心，它使我們為以往營造親密的高明汗顏。

　　來自於心底的聲音往往在孤獨時才能聽見，它們在人群中模糊淡隱，孤獨者大都是沉默的，郁達夫說：「言語的溝通靈魂，遠不如沉默來得徹底，沉默的嚴肅，便是愛和死和生命的嚴肅。」沉默的孤獨未必是對群體的冷漠，可能有更強烈的責任意識，孤獨者的情懷也不乏愛的維度。個體的相對獨立以多元智慧促進群體素質的提高，孤獨因而如金。梅貽琦先生說，「人生不能離群，而自修不能無獨」，「人我之間精神上與實際上應有之充分的距離」，可謂一語中的。能合群，使人具有社會規定，但人之為人還有個性規定，人選擇暫時的孤獨，在於對生活的觀察富於歷史的高度，並以實踐為思想的媒介，在執著追求中完善人格的境界。

　　在人與人的網路溝通被視為文明日益發達的標誌時，消解浮躁的孤獨對我們或許已成為不可多得的福分，問題是我們有沒有時間寧靜地沉思。作為「社會關係的總和」，我們當然需要他人施與自身的一切美好的情感，並將美好的情感施與他人，即使這樣，人生的很多事情仍然只能在孤獨中誕生。韌性的孤獨足以令我們倍加珍惜，在這個意義上，孤獨自我言說的方式似乎擺脫了

　　郁達夫說：「言語的溝通靈魂，遠不如沉默來得徹底，沉默的嚴肅，便是愛和死和生命的嚴肅。」沉默的孤獨未必是對群體的冷漠，可能有更強烈的責任意識，孤獨者的情懷也不乏愛的維度。

　　人生的很多事情往往在孤獨中誕生，因為來自於心底的「聲音」，經常是在孤獨時才能聽得見。

生活的繁冗，在潛移默化的閱讀之中觸及心靈，捅破浮躁社會的種種包裝，從而告誡人們，在人生的某一刻，我們注定要選擇孤獨。

面對無聊的侵犯，獨立的思考無疑是趨於幸福的。居住在哥尼斯堡的康德老人在孤獨中思考，一生沒有離開沉浸於其中的寧靜家園，他認為世界上「最可怕的事莫過於一個人必須順從另一個人的意志」，這使他一生都在孤獨之中表達真實的自我，並以卓然的姿態生活著，在惡俗侵襲時，很多人因為過於順從世俗的力量而失去自我，他們最終注定疲憊而無所得。

孤獨並不追求迷茫與徬徨，它不同於寂寞，寂寞是難以排解的苦悶，孤獨深深根植於因終極關懷而產生的憂患意識，使人能夠自覺地投入某種超前性的思考，從而獲得心靈幸福的高峰體驗。陸傑榮先生認為，「與死亡相比，孤獨的意義在於它是在生的限度上去感知並領悟死亡」，「人其實就是超越的動物，人從孤獨之中提取動力進行超越。人也只有在超越之中才有進取，才有變化，才能昇華出新的意義」。

孤獨有時候是美麗的，任何將這種對生命的思考與生理或心理壓抑等同的認識都是蒼白的。維根斯坦早期的思想札記幾乎是用密碼完成的，他似乎習慣於心靈世界的自我對話，這種固執的孤獨使他堪稱有史以來最內向的天才。當孤獨成為一種哲學方式，無疑完成了一種超越，在這個意義上，孤獨與媚俗相視冷笑。

附 錄 一

智慧語錄

001 思想像鬍鬚，不成熟就不可能長出來。

002 與其不透徹的理解許多事，不如理解的事不多，但都能徹底。

003 我們要學習思考，然後再來寫作。

004 意志、悟性、想像力以及感覺上的一切作用，全由思維引申而來。

005 善於思考的人思想靈活，不會思考的人暈頭轉向。

006 要記著，幸福並不是依存於你是什麼人或擁有什麼，它只取決於你想的是什麼。

007 任何東西都無法像大膽的幻想那樣能促進未來的創立。今天的空想，就是明天的現實。

008 思想的動搖並非在正確與錯誤之間左右不定，而是一種理智與非理智之間的徘徊。

009 任何人都可能犯錯誤，除了蠢人外，誰也不想堅持錯誤。諺語說，重新考慮最好。

010 既想到開始，也要想到發展，而尤其是不能不想到結局。

011 你可以從別人那裡得到思想，但你的思想方法，即熔鑄思想的模子卻必須是你自己的。

012 一分鐘的思考，抵過一小時的嘮叨。

013 成功的條件在於勇氣和自信，而勇氣和自信乃是由健全

的思想和健康的體魄而來。

014 失掉理智就是失去了已做的一切。

015 要想讓一切都服從你，你就必須首先服從理智。

016 人的理智就好像一面不平的鏡子，由於不規則地接受光線，因而把事物的性質和自己的性質弄混在一起，事物的性質受到了扭曲，改變了顏色。

017 哪裡有思想，哪裡就有威力。

018 聰慧的人常說的四個字是：「我不知道。」

019 聰明與智慧的區別：前者只能看到事物的表象，而後者卻可以洞察事物的內涵。

020 健康是智慧的條件，是愉快的標誌。

021 每個人都是自己行為的孩子。

022 在還沒死亡以前，就不能算作完全誕生。

023 極拗的人是一個極聾的演說家。

024 沒有一個沒有理智的人，能夠接受理智。

025 人的第一天職是什麼？答案很簡單：做自己。

026 星星早就消失了，但是庸碌的人們仍然看見它們閃著亮光。

027 我的座右銘：「我什麼也不要。」

028 當你背向太陽的時候，你只看到自己的影子。

029 人在智慧上應當是明豁的，在道德上應該是清白的，在身體上應該是潔淨的。

030 人並不是因為美麗才可愛，而是因為可愛才美麗。

031 聰明人永遠不拒絕需要的東西。

032 傻瓜和聰明人都是同樣無害的。最危險的是半傻不傻和半聰明不聰明的人。

033 崇高的仁和愚蠢的人之間，不過是一步之差。

034 人生如夢，我們醒而睡著，睡而醒著。

035 在人生中最難的是做選擇。

036 不要在懷疑與恐懼中浪費生命。

037 懷疑一切與信任一切是同樣的錯誤，能得乎其中方為正道。

038 「思考」應當走到眾人前面去，「願望」不妨留在後面。

039 一次深思熟慮，勝過百次草率行動。

040 知識，百科全書可以代替，可是考慮出的新思想、新方案，卻是任何東西也代替不了的。

041 科學地探求真理，要求我們的理智永遠不要狂熱地堅持某種假設。

042 不思索或不願意鑽研和深入理解，自滿或滿足於微不足道的知識，都是智力貧乏的原因。這種貧乏用一個詞來稱呼，就是「愚蠢」。

043 凡善於考慮的人，一定是能根據其思考而追求可能透過行動取得最有益於人類東西的人。

044 理智是一顆冷酷的太陽，它放射光明，可是教人眼花，看不見東西。在這種沒有水分與陰影的光明底下，心靈會褪色，血會乾枯的。

045 理智可以說是生命的光和燈。

046 理智是人的最高天賦，是人本質上區別於低等動物的特徵。

047 理智的人使自己適應這個世界：不理智的人卻要世界適應自己。

048 憂患始於思考。

049 全是理智的心，恰如一柄全是鋒刃的刀。它叫使用它的人手上流血。

050 智慧能打敗命運，只要一個人在思考，他就是自主的。

051 個人必須帶著其餘的人一起走向完美，不斷地盡其所能來擴大和增加自己的能力，朝這方面邁進。

052 牡丹花好空入目，棗花雖小結實成。

053 人憑藉思考而能變成神。

054 不善思索的有才能的人，必定以悲劇收場。

055 讓我們首先遵循理智吧，它是可靠的嚮導。

056 理智不能用大小或高低來衡量，而應該用原則來衡量。

057 沒有理智絕不會有理性的生活。

058 一個有思想的人，才是真正一個無量無邊的人。

059 思考是人類最大的樂趣之一。

060 沒有理智的支配，任何事物都不會持久。

061 理智是一切力量中最強大的力量，是世界上唯一自覺活動著的力量。

062 聰明人不注意自己不可能得到的東西，也不會為它們煩惱。

063 愚蠢的行動，能使人陷於貧困，投合時機的行動，卻能令人致富。

064 成功的腦子像電鑽一樣動作——集中到一點。

065 夫君之行，靜以修身，儉以養德，非淡泊無以明志，非寧靜無以致遠。

066 一個人離開正常生活越遠，就越會覺得自己目前的壞行為是一種聰明的進步，而把正常生活著的人們看為落伍或迂腐。

067 聞義貴能徙，見賢思與齊。

068 蘭生幽谷，不為莫服而不芳；舟在江海，不為莫乘而不浮；君子行義，不為莫知而只休。

069 靈與肉的無限距離可以象徵從精神到仁愛的更加無窮遙遠的無窮，因為仁愛是超自然的。

070 樸素而天下莫能與之爭美。

071 善就是肯定生命，展現人的力量；惡就是削弱人的力量。

072 如山峰般崇高的德行，卻必然在仇詈滅後巍然獨存，正視太陽的光輝，像阿爾卑斯的雪峰，它不朽而純潔地凌駕一切。

073 真實的善是每個人的心靈所追求的，是每個人作為他一切行為的目的。

074 只有驅遣人以高尚的方式相愛的那種愛神才是美，才值得頌揚。

075 神賦予我們惡的同時，也給了我們征服惡的武器。

076 相信別人的善性，並不是否定自己的善性。

077 夜把花悄悄地開放了，卻讓白日去領受謝詞。

078 凡可以獻上我的全身的事，絕不獻上一隻手。

079 愚人常因把困難看得太容易而失敗，智者常因把容易看得困難而一事無成。

080 人在異常興奮之時，往往會嘮嘮叨叨，而且還會慧語連篇，甚至妙趣橫生。

081 科學的自負比起無知的自負來，還只能算是謙虛。

082 聰明的蠢材就是這樣的沒有自知之明，自以為名滿天下，恍然大悟時，才知道自己的無知。

083 不知道自己無知，乃是雙倍的無知。

084 不要企圖無所不知，否則你將一無所知。

085 我們對待任何問題時，都必須堅持「知之為知之，不知為不知」的老實態度……

086 我們可以在幽默的背後找到真理。

087 每個人都以為自己很聰明，於是就做出了傻事。

088 愚昧是傲慢掀起的浪花。

089 索取，只有在一個場合才能越多越好，那就是讀書。

090 知識是勤奮的影子，汗珠是勤奮的鏡子。

091 海綿就算是擁有足夠的水分，也絕不能挺起肚子，顯示自己的富有。

092 只有隨時把記憶的網張開，才能捕到知識的獵物。

093 淺薄的人容易驕傲，無知的人容易狂妄。

094 智者支配環境，無能者受制於環境。

095 經歷是至理名言的母親，而思索則是它的產婆。

096 無知的芳齡，不是真正的青春。

097 山鷹絕不會把巢穴構築在屋簷下。

098 生命中的每一個細胞，都像是一顆狙擊愚昧的子彈。

099 智慧的花朵，常常開放在痛苦思索的枝頭上。

100 智者不認為自己比別人聰明，愚者永遠把自己的判斷看成萬無一失。

101 如果心術不正，足智多謀就成了可怕的東西。

102 智慧是珠，經驗是線，想要珠成串，不能斷了線。

103 愚蠢總是在舌頭跑得比頭腦快時產生的。

104 生命之舟要揚帆遠航，離不開智慧的櫓。

105 薔薇常在荊棘中生長。

106 靈魂的偉大與其說在於爬得高和走得遠，不如說在於懂

得如何去改變和控制自己。

107 真正的偉人從不自視偉大。

108 靈魂裡也有一撮破壞份子，那就是摧毀我們道德的邪念。

109 君子有三患：未聞之患不得聞；既得聞之患不得學；既得學之患不能行。

110 美色只能吸引人們的目光，功德卻能打動人們的心靈。

111 賢者不悲其身之死，而憂其國之衰。

112 我覺得，只有人類在由衷的感謝下生出的報效之心，才是地球上最美好的東西。

113 生命短促，只有美德能將它傳到遙遠的後世。

114 靈魂不是一只要注滿的瓶子，而是一個要生火的灶。

115 泰山不讓土壤，故能成其大；河海不擇細流，故能就其深。

116 一個人的真正偉大之處就在於他能夠認識到自己的渺小。

117 情是生命的靈魂……沒有情的靈魂是不可能的，正如音樂不能沒有表情一樣。這種東西給我們以內心的溫暖和活力，使我們能快樂地去應付人生。

118 「忍」字當頭，就可征服一切命運。

119 忍耐加和藹就是力量。

120 一切力量，若是沒有平衡的勢力，沒有阻礙而自由發揮的話，都會走上漫無限制與瘋狂的路。

121 見利思義，見危受命，久要不念平生之言，亦可以為成人矣。

122 心中的念頭像潮湧一樣的人，永遠射不中目標，達不到目的，因一個念頭抵銷了另一個念頭。

123 以自己本來面目出現的人和有自己特點的人才是偉大的人。

124 仰不愧天，俯不愧人，內不愧心。

125 生命不可能從謊言中開出燦爛的鮮花。

126 道德首先被要求的是支配自己。

127 崇高發揮了橫掃千軍、不可抗拒的作用；它會操縱一切讀者，不論其願意與否。

128 唯有對外界事物抱有興趣，才能保持人們精神上健康。

129 唯獨具有高尚的最快樂的性格之人，才會有感染周圍的人之快樂。

130 一個真實的靈魂，你越是對他誹謗，他越是不會受損。

131 我以我血薦軒轅。

132 我們要學習思考，然後再來寫作。

133 善良和謙虛是永遠不應令人厭惡的兩種品德。

134 我要鍛鍊我的靈魂，甚於去裝飾它。

135 靈魂沒有確定的目標，它就會喪失自己，因為俗話說得好，無所不在等於無所在。

136 良心是靈魂的聲音，欲念是肉體的聲音。

137 潔白的良心是一個溫柔的枕頭。

138 過則無憚改，獨則毋自欺。

139 美德之於靈魂，猶如健康之於身體。

140 美德即是靈魂上的健康。

141 沒有一個善良的靈魂就沒有美德可言，從每一樣事物都可以發現這樣的靈魂——人們毋須躲避它。

142 道吾好者是吾賊,道吾惡者是吾師。

143 入管庭戶之勤惰,一出茶湯便見妻。

144 在自己心中把握住了人性的,也將會瞭解所有人類。

145 一顆無畏的心往往能幫助一個人避免災難。

146 路漫漫其修遠兮,吾將上下而求索。

147 個人的痛苦與歡樂,必須融合在時代的痛苦與歡樂裡。

148 竭力履行你的義務,你應該就會知道,你到底有多大價值。

149 生命的多少用時間計算,生命的價值用貢獻計算。

150 點燃了的火炬不是為了火炬本身,就像我們的美德應該超過自己照亮別人。

151 有一分熱,發一分光。

152 小草,有時站在大山的頭上,默默地,從不炫耀它自己。

153 光明的心靈,讓我的生命為你燃燒吧。

154 人的一生,貢獻所作所為的意義和價值,比人們的預料更多地取決於心靈的生活。

155 月亮把她的光明遍照在天上,卻留著她的黑斑給了自己。

156 貝殼雖然死了,卻把它的美麗留給了整個世界。

157 盡力做好一件事,實乃人生之首務。

158 應該讓別人的生活因為有了你的生存而更加美好。

159 人並非為獲取而給予:給予本身即是無與倫比的歡樂。

160 好自誇的人沒本事,有本事的人不自誇。

161 德行善舉是唯一不敗的投資。

162 給予比接受更快樂。

163 對人來說，最大的歡樂，最大的幸福是把自己的精神力量奉獻給他人。

164 你若要為你的意義而歡喜，就必須給這個世界以意義。

165 我們追求的不該是在夾縫中的人生。

166 一個人的美不在外表，而在才華、氣質和品格。

167 知識是通向真理的唯一捷徑，也是達到真理的最大阻礙。

168 但令身未死，隨力報乾坤。

169 真正高宏之人，必能造福於人類。

170 快樂是一種香水，無法倒在別人身上，而自己卻沾不上一點。

171 我們的報酬取決於我們所做出的貢獻。

172 給予的最需要的方面不在物質財富範圍內，它存在於人性特有的領域。

173 入門休問榮枯事，觀看容顏便自知。

174 養兒防老，積穀防饑。

175 常將有日思無日，莫待無時想有時。

176 守己不貪終是穩，利人所有定遭虧。

177 美酒飲到微醉後，好花看到半開時。

178 當路莫栽荊棘樹，他年免掛子孫衣。

179 望於天，必思己所為；望於人，必思己所施。

180 貪了牲禽的滋益，必招性分的損；占了自然的便宜，必遭天道的虧。

181 盡力做好一件事，實乃人生之首務。

182 應該讓別人的生活因為有了你的生存而更加美好。

183 枯木逢春猶再發，人無兩度在少年。

184 好言一句三冬暖，話不投機六月寒。

185 女性的靈魂，永遠需要愛別人，需要被人愛。

186 心靈不在它生活的地方，但在它所愛的地方。

187 知音給予知音聽，不是知音不與談。

188 讒言敗壞真君子，美色消磨狂少年。

189 用心計較般般錯，退步思量事事難。

190 但有綠楊堪繫馬，處處有路通長安。

191 愛是無從測計深度的，因為它有一個淵深莫測的底，像葡萄牙海灣一樣。

192 真正的愛情始終使人向上，不管激起這種愛情的女人是誰。

193 個人的痛苦與歡樂，必須融合在時代的痛苦與歡樂裡。

194 人類最大的不幸是他沒有像眼瞼控制器那樣的器官，使他能在需要時遮住或阻礙一種思想或所有的思想。

195 人欲從初起處剪除，如斬心芻，工夫極易，若樂其便而姑為染指，則深入萬仞；天理自乍見時充拓，如磨塵鏡，光彩漸增，若憚其難而稍微怯步，便遠隔千山。

196 風息時，休起浪；岸到處，便難船。

197 我們的生命是天賦的，我們唯有獻出生命，才能得到生命。

198 一個豐富的天性，如果不拿自己來餵養飢腸轆轆的別人，自己也就要枯萎了。

199 鞠躬盡瘁，死而後已。

200 真正的學者真正了不起的地方，是暗自做了許多偉大的工作而生前並不因此出名。

201 壯士臨陣決死哪管些許傷痕，向千年老魔作戰，為百代

新風鬥爭。慷慨擲此身。

　　202 有取有捨的人多麼幸福，寡情的守財奴才是不幸。

　　203 沒有無私的、自我犧牲的母愛的幫助，孩子的心靈將是
一片荒漠。

　　204 上天賦予的生命，就是要為人類的繁榮、和平和幸福而
奉獻。

　　205 先天下之憂而憂，後天下之樂而樂。

　　206 世間最莊嚴的問題是：我能做什麼好事？

　　207 埋在地下的樹根使樹枝產生果實，卻並不要求什麼報
酬。

附錄 二

史蒂芬‧賈伯斯對史丹福畢業生演講全文-
Stay Hungry, Stay Foolish

求知若渴，虛心若愚
（Stay Hungry , Stay Foolish）

今天，很榮幸來到各位從世界上最好的學校之一畢業的畢業典禮上。我從來沒從大學畢業過，說實話，這是我離大學畢業最近的一刻。

今天，我只說三個故事，不談大道理，只講三個小故事就好：

第一個故事，是關於人生中的點點滴滴如何串連在一起。

我在里德學院（Reed College）待了六個月就辦休學了。到我退學前，一共休學了十八個月。那麼，我為什麼休學？（聽眾笑）

這得從我出生前講起。

我的親生母親當時是個研究生，年輕未婚媽媽，她決定讓別人收養我。她強烈地覺得應該讓有大學文憑的人收養我，所以我出生時，她就準備讓我被一對律師夫婦收養，但是這對夫妻到了最後一刻反悔了，他們想收養女孩。所以在等待收養名單上的另一對夫妻，我的養父母，在一天半夜裡接到一通電話，問他們：「有一名意外出生的男孩，你們要認養他嗎？」而他們的回答是「當然要」。後來，我的生母發現，我的養母並沒有大學文憑，

我的養父則連高中也沒有畢業。她因此拒絕在認養文件上做最後簽字。直到幾個月後,我的養父母保證將來一定會讓我上大學,她的態度才軟化。

十七年後,我上大學了。當時的我無知地選了一所學費幾乎跟史丹福一樣貴的大學(聽眾笑),我那工人階級的父母將所有的積蓄都花在我的學費上。六個月後,我看不出唸這個書的價值何在。那時候,我不知道這輩子要幹什麼,也不知道唸大學能對我有什麼幫助,只知道我為了唸大學,花光了我父母這輩子的所有積蓄,所以我決定休學,相信船到橋頭自然直。

當時這個決定看來相當可怕,可是現在看來,那是我這輩子做過最好的決定之一。(聽眾笑)

當我休學之後,我再也不用上我沒興趣的必修課,而能把時間拿去聽那些我有興趣的課。

這一點也不浪漫。我沒有宿舍,所以我睡在朋友家裡的地板上,靠著一點點回收可樂空罐的酬勞買吃的,每個星期天晚上得走七哩的路繞過大半個鎮去印度教的Hare Krishna神廟吃頓好料,我喜歡Hare Krishna神廟的好料。

就這樣追隨我的好奇與直覺,大部分我所投入過的事務,後來似乎都成了無比珍貴的經歷(And much of what I stumbled into by following my curiosity and intuition turned out to be priceless later on)。

舉個例來說:

當時里德學院有著大概是全國最好的書寫教育。校園內的每一張海報上,每個抽屜的標籤上,都是美麗的手寫字。因為我休學了,可以不照正常選課程序來,所以我跑去上書寫課。我學了serif與sanserif字體,學到在不同字母組合間變更字間距,學到活字印刷偉大的地方。書寫的美好、歷史感與藝術感是科學所無法

掌握的，我覺得這很迷人。

我沒預期過學這些東西能在我生活中產生任何實際作用，不過十年後，當我在設計第一台麥金塔時，我想起了當時所學的東西，所以把這些東西都設計進了麥金塔裡，這是第一台能印刷出漂亮事物的電腦。

如果我沒沉迷於那樣一門課裡，麥金塔可能就不會有多重字體跟等比例間距字體了。又因為Windows抄襲了麥金塔的使用方式（聽眾鼓掌大笑），因此，如果當年我沒有休學，沒有去上那門書寫課，大概所有的個人電腦都不會有這些東西，印不出現在我們看到的漂亮的字來了。當然，當我還在大學就讀時，不可能把這些點點滴滴預先串連在一起，但在十年後的今天去回顧，一切就顯得非常清楚。

我再說一次，你無法預先把人生中的點點滴滴串連起來；只有在未來回顧時，你才會明白那些點點滴滴是如何串聯在一起的（you can't connect the dots looking forward; you can only connect them looking backwards）。所以你得相信，眼前你經歷的種種，將來多少會連結在一起。你得信任某個東西，直覺也好，命運也好，生命也好，或者業力。這種做法從來沒讓我失望，我的人生因此變得完全不同。（Jobs停下來喝水）

我的第二個故事，是有關愛與失去。

我很幸運！年輕時就發現自己愛做什麼事。我二十歲時，跟Steve Wozniak在我爸媽的車庫裡開始了蘋果電腦的事業。我們拼命工作，蘋果電腦在十年間從一間車庫裡的兩個小夥子擴展成了一家員工超過四千人、市價二十億美金的公司，在那事件之前一年，我們推出了最棒的作品——麥金塔電腦（Macintosh），那時我才剛邁入三十歲，然後我被解僱了。

我怎麼會被自己創辦的公司給解僱了？（聽眾笑）

嗯！當蘋果電腦成長後，我請了一個我以為在經營公司上很有才幹的傢伙來，他在頭幾年也確實做得不錯。可是我們對公司未來的願景不同，最後只好分道揚鑣，董事會站在他那邊，就這樣在我30歲的時候，我被公開地解僱了。我失去了整個生活的重心，我的人生就這樣被摧毀了。

有幾個月，我不知道自己要做些什麼。我覺得我令企業界的前輩們失望——我把他們交給我的接力棒弄丟了。我見了創辦HP的David Packard跟創辦Intel的Bob Noyce，跟他們說：「很抱歉！我把事情給搞砸了。」我成了公眾眼中的失敗範例，我甚至想要離開矽谷。

但是漸漸的，我發現，我還是熱愛那些我曾做過的事情，在蘋果電腦中經歷的那些事絲毫沒有改變我的喜好。雖然我被否定了，可是我還是熱愛那些事情，所以我決定從頭來過。

當時我沒發現，但現在看來，被蘋果電腦開除，是我所經歷過最好的事情。成功的沉重被從頭來過的輕鬆所取代，每件事情都不那麼確定，讓我自由進入這輩子最有創意的年代。

接下來五年，我開了一家叫做NeXT的公司，又開一家叫做Pixar的公司，也跟後來的老婆（Laurene）談起了戀愛。Pixar接著製作了世界上第一部全電腦動畫電影——玩具總動員（Toy Story），現在是世界上最成功的動畫製作公司（聽眾鼓掌大笑）。然後，蘋果電腦買下了NeXT，我回到了蘋果，我們在NeXT發展的技術成了蘋果電腦後來復興的核心部份。

我也有了一個美好幸福的家庭。

我很確定，如果當年蘋果電腦沒開除我，就不會發生這些事情。這帖藥很苦口，可是我想蘋果電腦這個病人需要這帖藥。有

時候，人生會用磚頭打你的頭。不要喪失信心。我確信我愛著我所做的事情，這就是這些年來支持我繼續走下去的唯一理由（I'm convinced that the only thing that kept me going was that I loved what I did）。

你得找出你的最愛，工作上是如此，人生伴侶也是如此。

你的工作將佔據你人生的一大部分，唯一真正獲得滿足的方法就是做你相信是偉大的工作，而唯一從事偉大工作的方法是愛你所做的事（And the only way to do great work is to love what you do）。

如果你還沒找到這些事，繼續找，別停下來。盡你的全心全力去找，你知道你一定會找到。而且，如同任何偉大的事業，事情只會隨著時間愈來愈好。所以，在你找到之前，繼續找，別停下來。（聽眾鼓掌，Jobs喝水）

我的第三個故事，是關於死亡。

當我十七歲時，我讀到一則格言，好像是「把每一天都當成生命中的最後一天，你就會輕鬆自在。（If you live each day as if it was your last, someday you'll most certainly be right）」（聽眾笑）

這對我影響深遠，在過去的33年裡，我每天早上都會照鏡子，自問：「如果今天是我此生的最後一日，我今天要做些什麼？」每當我連續好幾天都得到一個「沒事做」的答案時，我就知道我必須有所改變了。

提醒自己快死了，是我在人生中面臨重大決定時，所用過的最重要的方法。因為幾乎每件事——所有外界的期望、所有的名聲、所有對困窘或失敗的恐懼——在面對死亡時，都消失了，只有最真實、最重要的東西才會留下。（Remembering that I'll be dead soon is the most important tool I've ever encountered to help me

make the big choices in life. Because almost everything - all external expectations, all pride, all fear of embarrassment or failure - these things just fall away in the face of death, leaving only what is truly important）

　　提醒自己快死了，是我所知道的避免掉入畏懼失去的陷阱裡最好的方法。人生不帶來、死不帶去，沒理由不能順心而為。

　　一年前，我被診斷出癌症。我在早上七點半做斷層掃描，在胰臟處清楚地出現一個腫瘤，我連胰臟是什麼都不知道。醫生告訴我，那幾乎可以確定是一種不治之症，預計我大概只能再活三到六個月了。醫生建議我回家，好好跟親人們聚一聚，這是醫生對臨終病人的標準建議。那代表你得試著在幾個月內把你將來十年想跟小孩講的話講完。那代表你得把每件事情搞定，家人才能盡量輕鬆。那代表你得跟所有人說再見了。

　　我整天都在思索那個診斷結果，那天晚上做了一次切片，從喉嚨伸入一個內視鏡，穿過胃進到腸子，將探針伸進胰臟，取了一些腫瘤細胞出來。我打了鎮靜劑，不醒人事，但是我妻子在場。她後來跟我說，當醫生們用顯微鏡看過那些細胞後，他們都哭了，因為那是非常少見的一種胰臟癌，可以用手術治好。所以我接受了手術，康復了。（聽眾鼓掌）

　　這是我最接近死亡的時候，我希望那會繼續是未來幾十年內最接近的一次。經歷此事後，我可以比先前對死亡只是一種純粹的想像時，要能更肯定地告訴你們下面這些：

　　沒有人想死。即使那些想上天堂的人，也想活著上天堂。（聽眾笑）

　　但是死亡是我們共同的終點，沒有人逃得過。這是註定的，因為死亡很可能就是生命中最棒的發明，是生命交替的媒介，送

走老人們，給新生代讓出道路。現在你們是新生代，但是不久的將來，你們也會逐漸變老，被送出人生的舞台。很抱歉講得這麼戲劇化，但是這是真的。

你們的時間有限，所以不要浪費時間活在別人的生活裡。不要被教條所侷限——盲從教條就是活在別人的思考結果裡。不要讓別人的意見淹沒了你內在的心聲。最重要的是，擁有追隨自己內心與直覺的勇氣，你的內心與直覺多少已經知道你真正想要成為什麼樣的人（have the courage to follow your heart and intuition. They somehow already know what you truly want to become），任何其他事物都是次要的。（聽眾鼓掌）

在我年輕時，有本神奇的雜誌叫做《Whole Earth Catalog》，當年這可是我們的經典讀物。那是一位住在離這不遠的Menlo Park的Stewart Brand發行的，他把雜誌辦得很有詩意。那是1960年代末期，個人電腦跟排版軟體都還沒出現，所有內容都是打字機、剪刀跟拍立得相機做出來的。雜誌內容有點像印在紙上的平面Google，在Google出現之前35年就有了：這本雜誌很理想主義，充滿新奇工具與偉大的見解。

Stewart跟他的團隊出版了好幾期的《Whole Earth Catalog》，然後很自然的，最後出了停刊號。當時是1970年代中期，我正是你們現在這個年齡的時候。在停刊號的封底，有張清晨鄉間小路的照片，那種你四處搭便車冒險旅行時會經過的鄉間小路。

在照片下印了一行小字：**求知若飢，虛心若愚**（Stay Hungry, Stay Foolish）。

那是他們親筆寫下的告別訊息，我總是以此自許。當你們畢業，展開新生活，我也以此祝福你們。

求知若渴，虛心若愚（Stay Hungry, Stay Foolish）。

非常謝謝大家。（聽眾起立鼓掌二分鐘）

崔曉麗醫師養生療法經典著作

18K大開本彩色圖解版

健康養生小百科中醫保健書系
中醫無副作用自然療法大解析
附DVD教學彩色圖解工具書

圖解特效養生36大穴
NT：300（附DVD）

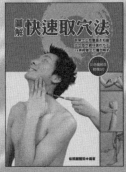

圖解快速取穴法
NT：300（附DVD）

圖解對症手足頭耳按摩
NT：300（附DVD）

圖解刮痧拔罐艾灸養生療法
NT：300（附DVD）

健康養生小百科好書推薦

彩色圖解版

圖解特效養生36大穴

NT：300（附DVD）

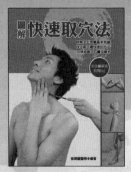

圖解快速取穴法

NT：300（附DVD）

圖解對症手足頭耳按摩

NT：300（附DVD）

圖解刮痧拔罐艾灸養生療法

NT：300（附DVD）

一味中藥補養全家

NT：280

本草綱目食物養生圖鑑

NT：300

選對中藥養好身

NT：300

餐桌上的抗癌食品

NT：280

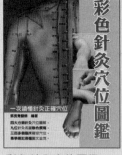

彩色針灸穴位圖鑑

NT：280

心理勵志小百科好書推薦

全世界都在用的80個關鍵思維
NT：280

學會寬容
NT：280

用幽默化解沉默
NT：280

學會包容
NT：280

引爆潛能
NT：280

學會逆向思考
NT：280

全世界都在用的智慧定律
NT：300

人生三思
NT：270

NOTE

NOTE

····· NOTE ·····

國家圖書館出版品預行編目資料

人生三思 / 臧峰宇作. -- 初版. -- 新北市：華
志文化, 2012.06
　　面；　公分. --（心理勵志小百科；8）

ISBN 978-986-88258-2-6（平裝）

1. 人生哲學　2. 修身

191.9　　　　　　　　　　　　　　101008054

系列／心理勵志小百科００８

書名／人生三思

作　　者　臧峰宇

執行編輯　林雅婷

美術編輯　黃美惠

文字校對　陳麗鳳

企劃執行　康敏才

總　編　輯　黃志中

社　　長　楊凱翔

出　版　者　華志文化事業有限公司

電子信箱　huachihbook@yahoo.com.tw

地　　址　116台北市文山區興隆路四段九十六巷三弄六號四樓

電　　話　02-29105554

總經銷商　旭昇圖書有限公司

地　　址　235新北市中和區中山路二段三五二號二樓

電　　話　02-22451480

傳　　真　02-22451479

郵政劃撥　戶名：旭昇圖書有限公司（帳號：12935041）

電子信箱　s1686688@ms31.hinet.net

售　　價　二七○元

出版日期　西元二○一二年六月初版第一刷

版權所有　禁止翻印

華志文化事業有限公司

Printed in Taiwan

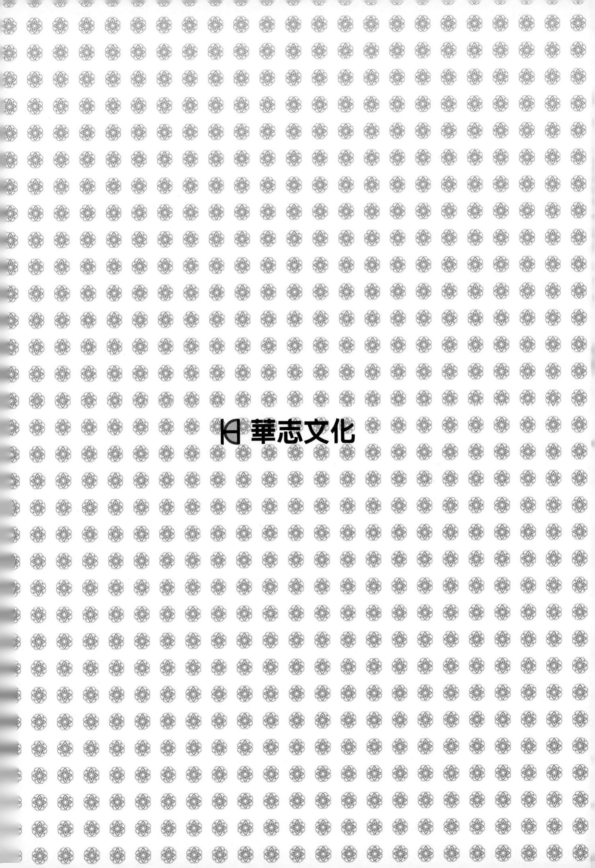
華志文化

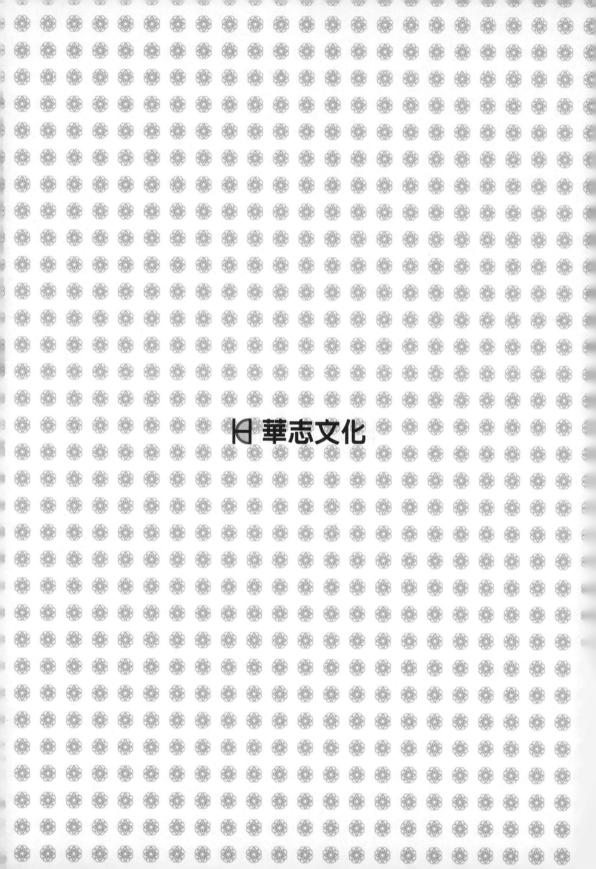
華志文化